आशोक चक्रधर

아쇼끄 짜끄르다르의 작품세계

| 작품, 시 세계 |

아쇼끄 짜끄르다르 저 · 노 영 자 역

부산외국어대학교 출판부

아쇼끄 짜끄르다르의 작품세계

2012년 2월 28일 초판 발행

저　자/ 아쑈끄 짜끄르다르
역　자/ 노 영 자
발행인/ 정 해 린
발행처/ 부산외국어대학교 출판부
등 록/ 제 카7-53호 (1988. 9. 1.)
주 소/ 608-738 부산광역시 남구 석포로 15
전 화/ 051) 640-3439, 3440　팩스/ 051) 640-3580
인터넷/ http://press.pufs.ac.kr

편 집/ 주간 · 서상범, 디자인 · 정순식
인쇄처/ 세종문화사 (051) 463-5898
공급처/ 한국출판협동조합 (02) 716-5616～9

ISBN 978-89-8312-362-6　03890

값 12,000 원

* 이 도서는 부산외국어대학교의 연구활동을 진작시키고
출판물의 저작 · 보급을 촉진하기 위해 도서개발 연구비가 지원된 도서입니다.

머리말

작가 '아쇼끄짜끄르다르'(Ashok Chakradhar)의 말

작가의 말을 전하며–노영자

존경을 표하며, 노영자교수님께,

노 영자교수님 (Prof. Young Cha ,Noh) 께서 제 작품에 관한 아띠끌을 한국 시 문학 계간지『시의 세계』(2006. 겨울호)에 소개하여 주시게 된 것에 우선 깊이 감사드립니다. 대표적인 힌디 시인들중에 제 작품보다 훌륭한 작품이 셀 수 없을 정도로 많습니다만, 특별히 제 작품에 관심을 가져주셨음에 그 고마움을 어떻게 다 말로 표현할 수 있을런지요! 소개하시게 된 배경과 노 교수님의 힌디문학에서의 풍자문학과 아이러니등… 여러 관점에서 제 작품을 취택하여 주셨음에 다시 한번 고개 숙여 감사드립니다.

저의 시 작품이 한국어로 번역되어 한국인들이 함께 감상해 볼수 있는 기회가 한국에서 주어지게 된다면 작가인 저로서는 긍지를 가지고 또 다시 좋은 작품으로 보답하겠다는 말씀을 드립니다. 또한 힌디어로 쓰여진 작품들이 시 작품이외에 소설,단편, 희곡등 문학의 다른 쟝르에서도 활발한 번역이 이루어져 한국문학계에 소개되어지기를 작가로서 간절히 바라는 바 입니다. 이번 기회에『쭈니-쭌나이』(Chuni-Chunnaii) 를 한국인들에게 소개되어 지게 된 것을 기쁘게 생각합니다. 저의 시 작품의 소개로 한국-인도 두 나라간의 문학세계를 이해할 수 있는 좋은 시간이 될 것이라 믿습니다. 노 교수님께서는 힌디문학의 시분야를 소개하시게 됨으로써 두 나라 의 문학 작품을 비교문학의 관점에서 연구하실 시간이 되시는 계기가 되셨으면 하는 바램으로, 또한 이러한 관점에서의 문학적 성취와 공헌이 함께 하시기를 기원드립니다.

이러한 작업을 위하여 부산외국어대학교 인도어과 노영자교수님께 앞으로 보다 나은 연구 발전을 위한 성취와 발전의 시간들이 되시기를 바라는 바 입니다.

2007.6.18

아쇼끄짜끄르다르(Ashok Chakradhar)

작가의 말을 대신하여 , 노영자드림.

सहमति एवं स्वीकृति-पत्र

माननीया, प्रोफ़ेसर नो योंग जा जी,

मुझे आपका पत्र पाकर बहुत आनन्द प्राप्त हुआ। यह मेरे लिये बहुत हर्ष की बात है कि आप हिन्दी भाषा की रचना को कोरियाई भाषा में अनुवाद कर उसको कोरियाई साहित्य-जगत में परिचित करवाना चाहती हैं। अतः मैं आपको, अपनी रचना "चुनी चुनाई" को कोरियाई भाषा में अनुवाद करने के लिये सहर्ष स्वीकृति प्रदान करता हूँ। साहित्य के क्षेत्र में इस अभूतपूर्व योगदान के लिये आपकी सराहना करता हूँ।

इस कार्य में सफ़लता के लिये शुभकामनाओं सहित-

अशोक चक्रधर

१५ जून २००९

स्वैच्छिक अवकाश प्राप्त प्रोफ़ेसर,

हिन्दी विभाग

जामिया मिलिया इस्लामिया केन्द्रीय विश्वविद्यालय

नई दिल्ली-११००२५

'아쇼끄짜끄르다르'(Ashok Chakradhar)

- 작품을 소개하며-

아쇼끄 짜끄르다르(Ashok Charadhar)는 인도가 안고있는 심각한 사회문제를 시화하는 고차원의 시 세계를 가진 대표적인 리얼리즘 시인이다. 그는 고통받는 민중의 편에 서서 문제성을 제기하기 때문에 사회의 이면에서 고통받는 삶들을 대변해 주고있다. 특히 그의 시 작품들이 대화체 형식을 구사함으로써 여느 드라마나 연극을 보는 것 같은 효과를 내고 있다. 이러한 형식은 아마 그가 자주 구사하는 문학적 기교는 아니러니가 넘쳐난다. 그의 시 작품에 나타난 시어들은 겉으로는 웃음을 자아내게 하나, 깊이 있게 문제점을 직시하는 날카로움이 들어있다고 하겠다. 예를 들면 '축하'(Badhaii) 에서 이다

우리의 문제점을 통해 인도사회의 구조적 부패를 적나라하게 파헤침으로써 사회가 교정되기를 희망하고있다. 축하는 사람을 살인한 것을 축하하는 주인공들의 이야기를 통해 인도사회의 문제성을 극명하게 드러내 주고 있다. 그러나 문제점을 파헤치고 터뜨리는 것, 그것만이 목적이 아니라 언제나 문제점의 교정을 위해 희망의 끈을 놓지않고 있다는 것이 그의 장점이다. 그는 시 창작뿐만 아니라, 드라마, 희곡, 코미디, 다큐멘타리 비평, 번역 , 회고록, 자서전, 단편, 스크립등 거의 모든 예술 장르를 넘나들면서 많은 작품활동을 하였다.

주요 시 작품으로는 '애 어른' (Burhe Bacche), '사실 그래'(So to he), '소박한 마음'(Bhole Bhale), '광경'(Tmasha), '저 여보 들어보세요'(E ji sunie), '죽을때까지 웃어라'(Hangso our Maro), '비르끼안'(Birkian),등이 대표적이다. '애 어른'(Burhe Bacche)은 가난한 아이들의 삶을 밀착 취재 해서 실제 아이들의 생활을 시화(詩化)

한 것으로서, 다큐멘타리 형식으로 쓰여진 시의형식을 주목할만하다. 그 다음 '사실 그래'(So to he)는 제목처럼 실제 삶의 경험을 수필처럼 쓰고 있다. 이 작품집 역시 그의 작품이 그러하듯이 가난,기아 등을 주제로 다루었으나 , 특히 사랑 이야기를 주제로 다루었다는 것이 다른 작품집과는 다르다. '소박한 마음'(Bhole Bhale)에서는 시인으로서 '아쇼끄 짜끄르다르'(Ashok Chakradhar)가 명성을 얻게된 작품집이다.

이 작품집은 전체적으로 웃음과 유머와 풍자로 일관하면서 시의 마지막 부분에 이르도록 독자들을 그 시에 빠져들게 함으로써, '아쇼끄 짜끄르다르'가 언어의 마술사로 명성을 얻게한 작품집으로 소개된다. 이 작품집은 그가 시화하는 현실이 어렵고 비참한 문제를 다루더라도 해학적인 웃음과 풍자가 가미된 일관된 작품집이라 평해진다. '광경'(Tamasha)에서는 그의 모든 작품이 그러하듯이 역시 풍자의 수법으로 쓰여진 거편이라 할수 있겠다.

그의 시가 대부분 짧지는 않지만, 이시는 장편이라 할만큼 긴 형태를 취하고있는 것이 특색이다. 그리고 이 작품에서는 심리 문제를 시화하여 인간의 동질성을 찾고 있다. 이런 동질성을 찾는 것이 곧 인간이 지향하여야 할 일임을 강조함으로써 인도 사회의 계급문제를 우회적으로 비판하고 있다.

작품집 '비르끼안'(Birkian)에는 민요시로 쓰여진 작품이 담겨져 있어, 인도의전통 민요의 재현처럼 보이는 작품집이다. 그리고 최근작으로는 '허풍쟁이'(Bolkape)가 있다. 언급하였듯이 그는 거의 모든 문학장르를 망라하며 저술활동을 하였는데 대표적인 '희곡 잔치의 꽃'(Rang jama ro), '사랑의 이해'(Samaj Gaya Sanwanriya), '풍성한 영혼'(Batt Akal Ki), '몽키부인 시댁에 가다'(Band riyal chlalisasural) 묵띠보드의 시, 작품집을 주로 비평하였다. 그의 주요 평론집에는'묵띠보드끼까뱌쁘리야'(Muktibodhkikavyapriya), '묵보드끼까위야뗀' (Mukti ibodhkikavytaen)등의 작품집들이 있다. 그의 이러한 노력은 그를 인도의 문학인이자 시인으로서 명성을 얻게 했다.

| 목 차 |

Ⅰ. 작가

| 아쇼끄 짜끄르다르 |

본서의 『아쇼끄 짜끄르다르(Ashok Chakradhar)』의 시세계는
한국인도학회에서 2009년 5월에 발행한 인도연구(ISSN 1229-9790)
제 14권 1호 2009(pp.55-pp.88)에 게재되었던 논문입니다.
여기에서는 본서의 작품의 이해를 돕기 위하여
다시 게제하게 되었음을 밝히는 바입니다.

아쇼끄 짜끄르다르』의 시 세계

노 영 자

차 례

국문요약

아쇼끄 짜끄르다르는 현존하는 대표적인 힌디 시인이다. 그는 인도가 안고 있는 심각한 사회문제를 시화하는 고차원의 시 세계를 가진 리얼리즘 시인이다. 본고에서는 그의 작품에 나타난 시 세계를 4가지로 요약한다. 우선 시를 대화체로 구성함으로써 드라마나 연극을 보는 것 같은 효과를 내고 있다는 것이다. 그리고 그가 구사하는 문학적인 기교는 풍자적인 아이러니가 넘쳐난다. 또한 그의 시어들은 표면적으로는 웃음을 자아내게 하나, 내적으로는 현실을 직시하는 날카로움을 가지고 있어 인도가 안고 있는 인도사회의 문제성을 극명하게 드러내 주고 있다. 마지막으로 이러한 날카로움이 사회문제를 파헤치는 것에만 그치지 않고 문제해결을 위한 희망도 함께 제시하고 있다. 본고에서는 그의 시 작품을 '생존에의 갈망', '악습에의 저항', '정치에 대한 불신', '삶의 기대'등으로 나누어서 분석하기로 한다.

주제어 : 『아쇼끄 짜끄르다르』, 다우리, 가난, 인도 사회, 정치부패, 언론부패

Ⅰ. 들어가는 말

'아쇼끄 짜끄르다르'(Ashok Chakradhar) 는 현존하는 대표적인 힌디 시인이다. 그는 시를 쉽게 써서 사람들에게 쉽게 다가가는 대중적인 시인 같으나, 실은 그는 인도가 안고 있는 심각한 사회문제를 시화하는 고차원의 시 세계를 가진 대표적인 리얼리즘 시인이다. 그래서 샤라드 조쉬(Sharad Joshi) 는 그의 작품은 "깊은 수준의 사회적 리얼리즘에서 어떤 영감을 받고, 그것을 그림처럼 쓰고 있다고 했으며, 또한 그의 시어들은 쉽고도 일상적인 언어로 이루어져 아름다운 시 세계를 연출하고 있다"고 했다. 이러한 점이 현대 힌디문학에의 업적으로 칭송되며, 앞으로 인도 시인들이 나아 갈 하나의 방향을 제시하고 있다고 했다.

'아쇼끄 짜끄르다르'(Ashok Chakradhar)의 작품에는 고통 받는 민중의 편에 서서 문제성을 제기 하기 때문에 사회의 이면에서 고통 받는 삶이 그대로 폭로되고 있다. 예를 들면 다우리를 작품화 한 '축하'(Badhaii)등의 작품들에서 다우리의 문제점을 통해 인도사회의 구조적 부패를 적나라하게 파헤쳐 줌으로 해서 사회가 교정되기를 희망하고 있다.

본고에서 연구 대상으로 삼은 작품 중의 하나인 '축하' 역시 그의 시 세계를 잘 알려주고 있다 하겠다. 그는 시를 대화체로 구사함으로서 여느 드라마나 연극을 보는 것 같은 효과를 내고 있다. 이러한 그의 작품의 형식은 아마 그가 시의 대중화를 위해 시 낭독회를 여는 것과 무관하지 않다. 그가 자주 구사하는 문학적 기교는 아이러니가 넘쳐난다. 그의 시 작품에 나타난 시어들은 겉으로는 웃음을 자아내게 하나, 깊이 있게 문제점을 직시하는 날카로움이 들어 있다고 하겠다. 그의 작품 '축하'는 사람을 살인한 것을 축하하는 주인공들의 이야기를 통해 인도가 안고 있는 인도 사회의 문제성을 극명하게 드러내 주고 있다. 그러나 문제점을 파헤치고 터뜨리는 것, 그것만이 목적이 아니라 언제나 문제점의 교정을 위해 희망의 끈을 놓지 않고 있다는 것이 그의 장점이다. 본고에서는 그의 시 작품을 네 개의 장으로 나누어 "생존에의 갈망",

"악습에의 저항", "정치에 불신", "삶의 기대" 로 나누어서 분석해 보고자 한다.

Ⅱ. 작가

'아쇼끄 짜끄르다르'(Ashok Chakradhar) 는 1951년 2월 8일 북인도 쿠르자(Khurja) 지역 중산층 가정에서 태어났다. 그는 유년시절을 고향 마을의 아름다운 자연과 역사에 대해 눈을 뜨면서 어린 시절부터 시에 관심을 가지고 시작(詩作)을 하기 시작하였다. 그의 문학적 감성은 북인도의 명문인 '아그라대학교'(Agra Univ.)에 입학하면서 본격적으로 시작된다. 그는 여기에서 그치지 않고 '델리대학교'(Dehli Univ.) 엠.리트(M.Litt) 과정에 들어가 문학이론 공부에 열중하여 탄탄한 이론의 바탕 위에서 문학 창작에 임한다. 그는 여기서 만족하지 않고 다시 힌디문학의 깊은 연구를 위해 '루힐칸드 대학교' 힌디과(Ruhilkhand Univ. Hindi dept.)에서 문학 박사 학위를 받는다.

그 뒤 대학에서 힌디문학을 강의하는 한편 왕성한 저술 및 창작활동을 하게 된다. 그의 예술에 대한 열정은 시 뿐만 아니라, 드라마, 희곡, 코미디, 다큐멘터리 비평, 번역, 회고록, 자서전, 단편, 스크립 등 거의 모든 예술장르를 넘나들면서 많은 작품 활동을 하였다.

그의 주요 시 작품집으로는 '애 어른'(Burhe Bacche), '사실 그래'(So to he), '소박한 마음'(Bhole Bhale), '광경'(Tmasha)', '저, 여보 들어보세요'(E ji sunie), '죽을 때까지 웃어라'(Hangso our Maro), '비르끼안'(Birkian) 등이 대표 작품집이라 하겠다. '애 어른'(Burhe Bacche) 는 가난한 아이들의 삶을 밀착 취재해서 실제 아이들의 생활을 시화(詩化)함으로서, 이 작품은 시가 다큐멘터리 형식으로 쓰여 졌다고 말한다. 그 다음에 '사실 그래'(So to he)는 제목처럼 , 실제 삶의 경험을 수필처럼 쓰고 있다. 이 작품집의 주제로는 그의 모든 작품이 그러하듯이 가난, 기아 등을 주제로 다루었으나, 특히 사랑 이야기를 주제로 다루었다는 것이 다른 작품집과 다르다. '소박한 마음'(Bhole Bhale) 에서는 시인으로서 아쇼끄 짜끄르다르가 명성을 얻게 된 작품집이다. 이 작품집은 웃음과 유모와 풍자로서 시종일관 쓰고 있으며, 시의 마지막 부분에 가서는 작가가 독자들을 그 시에 빠져들게 함으로서 아쇼끄 짜끄르다르가 언어의 마술사로 불리게 된 작품집이라 소개된다. 이 작품집은 그가 시화(詩化)하는 현실이 어렵고 비참한 문제를 다루더라도 해학적인 웃음과 풍자가 가미된 일관된 작품집이다.

'광경'(Tamasha)에서는 그의 모든 작품이 그렇듯이 역시 풍자의 수법으로 쓰여진 긴 거편이라 할 수 있겠다. 그의 시가 대부분 짧지는 않지만, 이 시는 장편이라 할 만큼 긴 형태를 취하고 있는 것이 특색이다. 그리고 이 작품집은 심리문제를 시화하여 인간의 동질성을 찾고 있다. 이런 동질성을 찾는 것이 곧 인간이 지향하여야 할 일 임을 강조함으로서 인도사회의 계급 문제를 우회적으로 비판하고 있다. 작품집 '비르끼안'(Birkian) 에는 민요시로 쓰여진 작품이 담겨져 있으며, 인도의 전통 민요의 재현처럼 보이는 작품집이다. 그리고 최근작으로는 '허풍쟁이'(Bolkape)가 있다. 언급하였듯이 그는 거의 모든 장르에 걸쳐 많은 저술활동을 하였는데, 대표적인 희곡 '잔치의 꽃'(Rang Jama Ro), '사랑의 이해'(Samaj gaya Sanwariya), '풍성한 영혼'(Batt Akal Ki), '몽키부인 시댁에 가다'(Bandriyal chali Sasural) 그리고 묵띠보드의 시 작품집을 주로 비평하였다. 주요 그의 평론집에는 '묵띠보드끼까뱌쁘리야'(Muktibodhkikavyapriya) '묵띠보드끼까비따앤'(Muktibodhkikavytaen)등의 작품집들이 있다. 그의 이러한 노력은 그를 인도의 문학인이자 시인으로서 명성을 얻게 했다. 한편 그는 시 낭송회를 조직하여 활발한 시 낭송을 통해서 시를 보급하는 일에 앞장섰다. 이러한 운동은 그가 인도 사회에서 힌디어의 위치가 위축되지 않을까 하는 우려에서 시작한 운동이 아니었을까 한다.

Ⅲ. 작품분석

1. 생존에의 갈망

'아쇼끄 짜끄르다르'(Ashok Chakradhar) 는 인도 최하층 사회가 안고 있는 현실적인 삶의 문제를 통해서 인도 사회에 문제성을 제기하고 있다. 그 중에서도 배고픔이라는 인간의 가장 현실적인 문제를 적나라하게 파헤치고 있는 작품으로 '단 한 개의 쨔빠띠라도....'(Kitni Rotti)에서 작가는 어느 기근이 든 마을에 최악의 상황을 그곳에 사는 어느 노인과 '강가나트' 라는 두 인물을 등장시켜 배고픔을 구체적 작품으로 시화(詩化)하고 있다.

단 한 개의 쨔빠띠라도…

어느 노인이 세월의 무상함을
자조하듯 -
텅 빈 뱃속에는 몇 개의 쨔빠띠나
들어갈 수 있을까
강가나트 ? 라고 묻는다.
강가나트가 대답하기를-
일곱개는 너끈하게!
노인이 말했다 -
그건 틀렸어!
정말로 틀린 답이라고 …..
쨔빠띠 하나라도
먹는다면,
뱃속은 빈 자리가 없이
꽉 찰 텐데......
그러나, 강가나트
바로 이것이 문제가 아니겠는가 !
사실 지금 이 순간에,

단 한 장의 쟈빠띠가 …
우리에게는 없다는 게 말일세 !

작품집 ; 쭈니 -쭌나이 (Chuni-Chunnaii)

위의 작품 ' 단 한 개의 쟈빠띠라도....' 에서 강가나트 는 배가 너무 비었기 때문에 일곱 개의 쟈빠띠라도 너끈히 먹겠다는 환상적 욕망을 토로한다. 이에 반해 그의 말을 받은 노인의 대답은 더욱 비참하다. 너무 굶어 배가 쪼그라져서 한 개의 쟈빠띠로도 뱃속의 빈자리가 없이 꽉 찬다고 현실적으로 대답한다.

이 시의 마지막에 나와 있는 강가나트와 노인과의 대화는 지금의 현실문제는 단 한 개의 쟈빠띠가 없는 것이 문제라는 가난을 폭로하고 있다. 아마르띠아 센(Amartya Sen)의 '살아있는 인도' 에 의하면 "인도에서 굶주림과 영양실조는 심각하다고 한다. 하지만 이를 줄이기 위한 노력이 별 효과가 없었던 것은 사실이다. 이런 심각한 문제도 공적인 관심을 거의 받지 못하고 있다. 인도의 지배자들은 인도가 독립 후 굶주림이란 난제를 그런대로 잘 극복하고 있다고 착각하고 있다. 그러나 인도의 굶주림의 문제라면 세계의 어느 나라도 인도보다 심각하지 않다."고 보고 있다. 작가는 바로 이러한 민중들을 시화함으로서 착각하고 있는 지배자들에게 문제의 심각성을 환기시키고 있다.

이 시를 통해서 인도 사회에 있어서 생존을 영위할 수 없을 만큼의 굶주림-가난의 문제를 강가나트와 노인의 대화를 통해 구체적으로 보여줌으로써 독자로 하여금 심각한 문제를 쉽게 이해시키는 것이 그의 시의 특징이다.

작품 '릭샤왈라' (Liksha Wala)에서 작가는 다리를 절룩거리는 릭샤왈라가 불구자이나 생계를 위해서는 삶의 현장에 나설 수밖에 없음을 그대로 보여주고 있다.

릭샤왈라

릭샤왈라 ! 부르는
소리에,

다리를 절룩거리며,
손님에게로,
내가 묻기를-
이보게, 릭샤를 몰 수 있겠나?
다리 아픈데....
먼저 말해 보게나 !
어르신이여 !
사실은,....
릭샤는 다리가 아닌,
배로 움직여 몰지요!

작품집 ; 쭈니 -쭌나이 (Chuni-Chunnaii)

이 작품에서 불구자인 릭샤꾼에 대해 손님이 절룩거리는 다리로 어떻게 릭샤를 운전할 수 있겠느냐고 묻는 이야기속에 .... 릭샤꾼이 '릭샤는 다리가 아닌 배로 모는 것'이라고 답변하는 곳에 삶의 아픔이 베어 나고 있다. 마치 우리나라 소설 현진건 의 <운수 좋은 날> 에 나오는 인력거꾼을 연상하게 한다. 그러나 우리나라의 인력거꾼은 일제 치하라는 시대 배경속에서 나라 잃은 국민의 삶의 아픔을 이야기 했는데 반해, 인도는 현실적으로 가난한 하층민의 삶을 릭샤왈라를 통해 보여주고 있다. 그러나 두 이야기는 가난으로 인한 배고픔의 참담함 현실을 이야기 했다는데 공통점이 있다. 작가는 이 작품에서 인도의 릭샤왈라들의 처절한 상황을 시화(詩化)하고 있으며, 다리의 상처로 절룩거릴지라도 빵을 살 돈을 벌기 위해서는 릭샤를 몰아야만 하는 릭샤왈라의 현실을 적나라하게 묘사하고 있다.

또 다른 작품 '애 어른'은 올드 델리의 가난한 이들의 밀집 지역에서의 삶을 영위해 나가야만 하는 소년, 소녀 가장들의 이야기이다. 그들은 어른이 해야 할 생활의 몫을 담당하는 아픈 현실을 작가는 담담한 어조로 시화했다. 이 작품은 미로같은 올드 델리의 자마 마스지드 골목길을 무대로 하고 있다.

애 어른

길들은 골목이 만나,..
골목들만이 골목 길이다.
골목길들은 실제로 골목길이다,
골목 길에는 특유의 냄새가 난다.
모두 이것은 하나의 세계
......중략......
인쇄하는 아이들
신문팔이 아이들,
릭샤를 모는 아이들,
집안 일에서도 헤어나지 못하는 아이들
......중략.....
그들에겐
뛰어 놀 마당이 없다.
단지 공장과 창고만이 있을 뿐이다.
장난감과 머리에 쓸 모자도 그들에겐 없다.
열심히 일해서 얻은 로띠.
몇 장만이 남아 있을 뿐이다.
그는 아버지를 위해
기침 약을 사온다.
이틀동안 번 돈으로 누이의 '두빠다'를 산다.
남은 3빼사로 뜨거운 로띠를
집는 할머니가 안쓰러워 집게를 산다.
장난감은 감히 생각지도 못한다.
.....하략.....

시인은 올드 델리의 자마 마스지드 골목길을 카메라 렌즈로 비추듯이 골목을 샅샅이 보여주고, 그 안에서 생활하는 삶의 군상들을 조명하면서 그 곳에서 삶의 주체로 영위하는 아이들에 초점을 맞추고 있다. 그 아이들이 이 가난한 골목에서 생계를 어떻게 영위해 나가는가를 구체적으로 보여준다. 생계를 위해 인쇄하는 아이, 신문팔이 하는 아이, 릭샤 모는 아이들 등등, 작가는 자마 마스지드 골목에 사는 아이들을 구체적으로 그리고 있다. 책을 제본하는 아이에게서는 두꺼운 책을 종일 풀 붙여 제본하면서, 철학, 수학, 역사... 의 다양한 학문의 책을 제본하나, 그것을 제본만 할 뿐 그 안의 무수한 지식이 들아 있는 것을 그들이 사는 세상의 얘기가 아닌 전혀 무관한 세계의 이야기처럼 , 그들의 삶이 얼마나 아이러니한지를 그리고 있다는 것을 알 수 있다. "졸린 눈을 부비며" 잠을 쫓으면서 까지 치열하게 삶을 영위해 간다.

작가는 이 작품에서 삶의 현장에 내 몰린 아이들의 모습을 눈에 잡힐 듯이 표현해 내고 있다. 그런 아이들이 열심히 일해서 아버지의 약, 누이의 두빠다, 할머니의 로띠 집는 집개를 사야 하는 한 집안의 기둥으로서 가족의 생계를 책임져야 할 의무만 있을 뿐, 자신들의 미래를 위해 아무런 꿈이 없는 것을......"그들에겐 부드러운 꽃과 같은 것은 없다 / 그들에겐 알록달록한 꿈도 없다."...... 라는 미래가 보장되지 않는 아이들이 삶의 현장에 내 몰림이라는 극한 상황으로 치달아 가고 있는 실정에 놓여 있음을 자세히 그려내고 있다. 그러나 작가는 이 작품을 마무리 하면서, 다음과 같은 시구로 마음을 다하여 어려운 아이들의 현실을 사회에 호소하고 있다.

> 구해주어라 !
> 모두 무너지기 전에 ,..
> 그리고, 시간이 지나기 전에 끝을 내라!
> 이 어른을-
> 아이로 만들어 주어라 !

작품집; -부레 바쩨 (Burhe Bacche) -

시인은 이 작품에서 올드 델리 빈민가에서 생활하는 아이들을 위해 그들의 참담한 현실로 인해 더 이상 그들이 무너지기 전에 구해주라고 절규한다. 또한 "이 어른을 아이로 만들어 주도록 해라"에서 끝으로 시인은 다시 소년, 소녀 가장들은 다시 천진한 아이들로 만들어 주라고 하고 있다. 이 작품을 통해서 시인은 올드 델리에 위치한 자가 마스지드라는 구체적인 지역의 아이들을 대상으로 그들의 참담한 현실을 시를 통해 고발하고 있는 것 같으나, 이것은 자가 마스지드지역뿐만이 아니라 인도 전체의 소년, 소녀 가장으로서 집안의 생계를 꾸려가는 아이들에게 그들이 처한 현실에 어른의 삶을 끊게 하고 꿈을 키우는 아이들로 돌아가게 해 줄 것을 인도사회를 향해 외치고 있다 하겠다.

2. 악습에의 저항

작가는 인도의 전통적으로 가지고 있는 결혼 제도에서의 지참금 문제를 작품 '축하'(Badhaii)에서는 대화체의 기법을 써서 심각한 문제를 표면적으로는 코믹하게 까지 그리고 있다. 이것은 작품 '축하'(Badhaii)에서 작가가 역설을 통한 효과의 극대화를 노리고 있는 기법이라 하겠다. 지참금을 약속대로 가져오지 않은 며느리를 아들, 시아버지, 의사의 공모로 살인의 흔적 없이 죽인 후, 셋이 모여 축하를 하는 이야기이다. 이 얼마나 끔찍한 장면인가!

축하

아버지는 말한다-
예, 바로 이 아이의 처(妻)가
문제란 말 일세.
아들이 말한다-
예, 문제로 말하자면
그녀는 아버지의 며느리지요.
그리고 우리에겐 바로
이것 만이 목적이지요.
다우리를 전부 아직
받지 못했지요.

의사는 말한다-알았어, 알았어.
나에게 며느리를 화장시키는
새로운 기술이 있어.
그러나 방법에 따라 따로 따로
돈을 지불해야만 해.
받은 다우리의 10%가 될거야
만약에 당신이 일을 완벽하게
처리해 준다면야,
웃돈을 게런티로 더 줄거야.
화장시키는 데 아주 좋은
한 가지 방법이 있어.
우리 직원이 외국에서
배워온 방법이 있지.
그런데 미안하지만, 화장할 때 쓸
까로신 오일(carosin oil)을
가져오지 않았어.
비싼 뱌하이뜨 오일을
구해 주었어.
이것을 사용하면 ,
며느리는 몇 초 안에
불에 타게 되지만,
고통을 주지 않고,
울고 불고- 통곡없이
소리도 내지 않을걸세.
일은 깨끗이 치러질 것이네 , 친구여.
우리는 어떤 증거,흔적, 표시도
바닥에 남기지 말라고 하겠네
사람들 에게 …… -작품집 ; 따마샤 (Tamasha) -

이 시는 제목을 통해서 알 수 있듯이 대표적인 역설시라 하겠다. 역설이란 모순 같지만 모순 속에 진실을 담아내고 있는 것이 특징이다. 이 시는 제목이 '축하' 이다. 그러나 시의 내용은 엄청난 사회 부조리를 폭로시킴으로써 '축하'라는 제목의 의미를 되새겨 보도록 만든다. 시의 표현은 대화체의 표현기법을 쓰고 있다. 이 시는 등장인물 세 사람의 대화로 이루어졌다. 첫째 연에서, 아버지와 아들의 대화 속에서는 현대까지 인도사회가 가지고 있는 병폐의 하나인 결혼하게 될 여자들의 지참금 문제를 정면으로 들추어내고 있다. 둘째 연에서, 아버지의 대화의 시작은 지참금을 원하는 대로 전부 가지고 오지 않은 며느리의 문제를 제기한다. 아버지의 문제 제기는 아들이 답하게 됨으로서, 아버지와 아들 두 사람의 공통적인 목적이 드러난다. 그것은 바로 '다우리를 전부 아직 받지 못했지요' 라는 아들의 언술을 통해서 아버지와 아들 두 사람이 지참금에만 목적이 있음을 제시하고 있다. 셋째 연에서, 의사가 등장한다. 의사는 '알았어, 알았어.' 라는 일상어를 통해 바로 암묵적 공모를 진술한다. 다시 의사의 제시는 '방법에 따라 따로 따로 돈을 지불해야만 해' 라는 언술은 곧 아버지의 답으로 이어진다. '만약에 당신이 일을 완벽하게 처리해 준다면야/ 웃돈을 개런티로 더 줄 거야' 라고 하는 언술은 죄의식이라고는 조금도 찾아볼 수 없다. 오직 며느리를 없애는 데에만 모아지고 있다. 여기에서 며느리를 없애주는 값으로 몇 푼의 개런티를 더 내겠다는 말은 죄의식이라고는 찾아볼 수 없는 평범한 계약의 조건일 뿐이다. 이처럼 의사와 아버지와의 조건이 합치는 넷째 연에 가서 아주 구체적으로 며느리를 없애는 방법을 진술하면서 자신들이 무슨 은혜나 베푸는 것처럼 '비행사가 비싼 뱌하이뜨 오일을 구해 주었어 / 며느리는 몇 초 안에 불에 타게 되지만. 고통을 주지 않고 / 울고 불고- 통곡 없이 소리도 내지 않을 걸세 ' 라는 너무나도 끔찍한 상황들을 아무 거리낌 없이 쏟아내고 있다. 끝으로 공동의 모의를 통해 둘은 어느새 ' 친구여 ' 라고 부르고 있다. 다시 '우리는 어떤 증거, 흔적, 표시도 / 바닥에 남기지 말라고 하겠네.' 하고 일이 깨끗이 처리될 것을 진술한다.

여기 이 작품에서 작가는 인도사회가 안고 있는 결혼지참금제도 (Dowry System)가 전통적으로 인도여성을 압박하는 악습으로 오늘까지 전해지고 있다는 고발을 하고 있으며, 그 병폐를 직설적이면서 구체적으로 담아내고 있다. 이 시에서 보이는 것처럼 결혼지참금은 바로 생명 경시풍조와도 연결되는 무서운 범죄 행위임을 폭로하고 있다. 이렇게 심각한 지참금 문제로 특별한 폭력도 존재하는데, 그 폭력으로 사망하는 여성들의 수는 의료혜택이나 사회적 관심의 부족으로 사라지는 더 많은 여성들 때문에 대수롭지 않게 보일지 몰라도 이러한 성(性)불평등은 잔인하고 야만적인 성격을 여지없이 드러낸다.

다음에 소개되는 작품 '바부 무스디랄' (Babu Musddilal)에서도 작가가 인도의 지참금문제를 작품화함으로써 인도 사회가 안고 있는 문제성을 제기한 또 다른 예를 살펴보도록 하자.

무스디랄 바부

그가 꿈엔들 생각해 보았을까!!
악의에 찬 저주가
자신에게......하나가 아닌, 둘도 아닌
다섯명씩이나 되는 딸의 아버지로,
운명이었고, 측은할 뿐인, 그들
누렇게 뜬 모습
손은 누렇지 않았으나, 거의 쓰레기 같은 모습의,
첫째 딸,
빨간 잉크로
자신의 손톱을 칠하고 있다.
둘째 딸,
그렇게 하고 싶은
욕심이 나지만
수줍어 망설이고 있다.
셋째 딸,
어제 짜뜨니를,
내일을 위해 남겨 두고

하루를 기다린다.
넷째 딸,
말라빠진 로띠에
시끄러운 소리를 내며
짜뜨니를 바른다.
그리고 , 다섯째 딸
왜 그렇게 울어대는지
제 앙상한 뼈들이
춤을 추듯이 흔들거린다.
바부의 아내,
살아있는 송장과 같이
마치 죽음의 신이
그녀를 내려다보고 있듯이
병으로 쇠약해져,
몸이 삭아버린듯,
그러나 모든 힘은
전부 혀 속에 들어와 앉아 ,
무스디랄에게 벅벅 소리 질러 대지만,
자신의 마음속의 말을 그래도
꾹꾹 눌러 억지로 참으며
딸들을 저주하고 있다.
……하략……

시인의 또 다른 시 '바부 무스디랄 '(Babu Musddilal)에서도 다섯 딸을 둔 아버지의 절망과 고뇌의 찬 마음이 결혼지참금 문제와 연결 되어 있다.

"무스디랄" 은 다섯 딸을 둔 평범한 아버지이다. 작가는 "무스디랄"를 통해서 인도 사회가 가지고 있는 결혼 지참금 때문에 성(性)차별이 얼마나 심각한가를 알려주고 있다. 가난한 아버지 "무스디랄"은 다섯 명의 딸을 놓고서 고민한다. "무스디랄"은 '자신에게 악의에 찬 저주가 있지 않았다면, 어떻게 딸 다섯을 둘 수 있었겠는가!'

라고 절규한다. 그러나 작품 속에 나타난 첫째 딸, 둘째 딸 등의 행동은 천진난만하다."첫째 딸 ,빨간 잉크로 자신의 손톱을 칠하고 있다." 가난에 찌들렸으나, 소녀의 아름다운 손톱을 위해 잉크로 칠한다고 묘사함으로서 여느 소녀들과 같이 순수하다. "둘째 딸, 그렇게 하고 싶은 욕심이 나지만 수줍어 망설이고 있다." 언니처럼 하고 싶으나, 수줍어서 망설이고 있다. 둘째 딸도 역시 소녀의 수줍음이 배어나고 있다. "셋째 딸, 어제 짜뜨니를 내일을 위해 남겨두고 하루를 기다린다." 에서도 내일을 위해 먹을거리를 남겨두는 고운 심성을 엿볼 수 있다. "넷째 딸, 말라빠진 로띠에 시끄러운 소리를 내며 짜뜨니를 바른다." 넷째 딸에게서도 우리는 말라 빠졌지만, 로띠에 짜뜨니를 바르는 다소곳한 소녀의 모습을 읽을 수 있다. "그리고, 다섯째 딸, 왜 그렇게 울어대는지 제 앙상한 뼈들이 춤을 추듯이 흔들거린다." 다섯째 딸은 위의 네 언니들과 다르다. 먹지 못해 찌들린 몸이 뼈가 흔들릴 정도로 울고 있는 모습에서 위의 네 딸과 전혀 다른 자신의 욕구를 울음으로 분출하는 다섯 번째 딸의 모습을 통해서 작가는 제도에 저항할 것을 기대하는 어린 싹을 노래했다고 할 수 있다. 그러나 여기에 등장하는 아버지 "무스디랄" 은 이렇게 천진하고 아름다운 딸들의 모습 속에서도 딸들을 저주하는 아버지로 그려지고 있다. 여기서 작가는 인도에서의 성(性)차별의 심각성을 고발한다 할 수 있다 하겠다.

위와 같은 유사한 내용의 작품을 '편히 맥주 한 잔을...' <Biyar Kese Ppiung>에서도 역시 다우리(Dowry) 문제로 인한 사회의 단면을 작품화하고 있다.

> ……상략……
> 어느 돈 많고 몹시 이기적인 부자가
> 있었다네.
> 우리와는 이웃 이었건만, 전혀 왕래가
> 없는 사이였다네.
> 그는 내가 안티 다우리 (Anti Dowry system)
> 였다는 것을 잘 알고 있었으나,

아직도, 그의 아들을 결혼 시킬 때,
많은 다우리(Dowry)를 요구하였다고 해.
언젠가 그 소식을 듣고, 난 도저히
참을 수 없었어.
그의 며느리도 캐로신 오일(Carosine-oil)에
불 타 죽었다고 해.
……하략……

이 작품은 '축하'와 유사하다. 다우리를 내지 못한 며느리를 살해하고서도 신문이나 뉴스의 소재가 될 수 없도록 차단하고 있다. 여기에서 다우리의 문제는 살인을 넘어 언론의 부패까지도 연계되고 있다. 이처럼 다우리는 다우리 하나 뿐 아니라 인도 사회 전체의 구조적 부패의 심각성을 드러내고 있다.

위의 세 작품은 인도 사회제도에 대한 다우리 시스템의 불만을 표출한 작품으로 '바부 무스디랄' 의 경우 딸을 낳으면 다우리로 인한 부모의 스트레스는 막중하다는 것을 알 수 있다. 바부지의 다섯 딸을 매개로 딸을 시집보내야만 하는 가난한 부모의 심리적인 마음이 느껴지는 듯하다. '축하'와 '편히 맥주 한 잔을...' 에서는 지참금을 가지고 오지 못한 며느리를 살해하고도 죄의식을 느끼지 않는 파렴치한 인도인의 양심을 비판하는 한편, 살인으로 인해 연계되는 사회적 부정부패를 폭로하고 있다. 시인은 이런 심각한 문제를 작품으로 고발함으로서 아무리 어렵고 힘든 삶이라도 인도 사회가 억울함이 없는 평화로움이 번져 나올 것이라고 기대하고 있다.

3. 삶의 기대

가리브다스는 0(zero)이다

자, 앞을 보렴,
하늘이 보이지?
-보여요.

땅이 보이니?
-보여요.
이것 둘 다 저기에서 만나지?
저 경계선이 보이지?
-예 보여요, 사합
-사실 여러번 보았어요.
자, 가난한 자 ! 바로 여기가 가난의 경계선이다.
7대가 대물림하여 내려오고 있잖아 !
너는 달려 갈거야.
달려서 갈거야.
그러나 거기 까지.
결코 도달하지는 못할거야.
그리고 거기에 도착 해서 선을 넘을 것인가?
거기에 있다. 바로 거기, 거기에 있을꺼야.
가난한 자!
수평선의 경계는-지워질 수 있어,
그러나, 이 경계선은 제거될 수 없어, 우리 인도에—
어떤 가난도 없앨 수는 있어.
그러나 가난한 자의 경계선은 지워질 수 없단다.

작품집 ; 쭈니 -쭌나이 (Chuni-Chunnaii)

'가리브다스는 0(zero)이다'(Garibdas Shunya hae)의 시는 주인과 하인과의 대화체로 시작된다. 이러한 대화체의 방법은 인도 고대 서사시에서 흔히 사용되는 기법이다. 여기에서 시인은 고대 서사시에서 보이던 전통 표현기법을 수용해 오늘날의 표현기법으로 재창조하고 있다. 위의 시에서 시인은 사회와 개인을 나누어 인도사회의 병폐를 풀어내려고 하고 있다.

'수평선의 경계는-지워질 수 있어 / 그러나 ,이 경계선은 제거될 수 없어, 우리 인도에—' 바로 자연은 지울 수 있는 가능성은 있지만, 인도에서 계급의 장벽은 허물 수 없다고 시인은 노래한다. 그러나 그 뒤에 ' 어떤 가난도 없앨 수는 있어 ' 라고 노래함으로써 바로 사회계급의 장벽 속에 살고 있는 사람들이 가난을 해결할 수 있다는 희망을 노래했다. 작품 속에서 작가는 대물림해야 하는 계급의 고리를 끊을 수 있는 방법은 개인의 노력과 발전에 따라 성취했다. 라고 생각하며 언젠가는 이러한 변화는 두꺼운 사회의 장벽을 벗어날 수 있다는 희망을 전달하고 있다.

현재 인도에서의 계급사회는 요지부동한 것 같으나, 그 사회 속에서 생활하고 있는 개인에게는 가능성이 존재한다는 것을 암묵적으로 시사해주고 있다.

다음의 작품 '편히 맥주 한 잔을...'을 살펴보자.

편히 맥주 한 잔을……

언젠가 어느 날엔 가,
마음의 여유를 갖고
차디찬 맥주 한 잔 마셔 보았으면….
오래 전 부터 마음속에
담아놓고 있던 중에...
내 스스로 결심하기를,
단 한 건도,
분신한 여인의 기사가 없다면,
여유롭게 맥주 한 잔을...
……중략……

작가는 인도 사회의 하루라도 억울하게 분신자살하는 여인들이 없어져야 만 시원한 맥주를 편히 마실 수 있게 될 수 있을 거라고 되뇌이면서 이 작품을 풀어내고 있다. 작품 속에서 결혼 지참금을 신랑 측에 만족스럽게 안겨주지 못하거나, 신부가 지참금을 마련하지 못해 자살하는 여인, 결혼했으나 지참금약속을 지키지 못해 자살을 위장한 타살을 당하는 경우에 발표하기로는, 남편의 여자문제로, 시어머니의 학대로 인해 스스로 자살했다고 위장하고 있다. 이처럼 작가는 지참금으로 인한 타살이 자살로 둔갑하는 속에서 인도 사회의 부패성을 고발하는 한편, 작가는 인도 사회가 얼마나 부패하고 인권이 유린되었는가를 폭로하고 있다. 작가는 "바보들아, 왜 자살을 택해야만 했는지…"라고 자살한 그들을 안타까워하고 있다. 그 안타까움 속에는 여성들이 부당한 제도를 그대로 순응하고 있음이 안타까운 것이다. 작가는 부당한 다우리를 자신들의 권리를 찾아 똑똑하게 일어서지 못한 것에 대한 안타까움을 말하고 있다.

……상략……
내가 말하기를-
어떻게 그럴 수가 있는거요?
그 기사가 오늘 신문에 안 나온다고요.
그가 말했다-
그래요! 오늘 신문에 말입니다!
내 며느리의 자살 건은
뉴스가 아니거든요.
그건 비밀이니까……

위의 작품에 나타나 있듯이 이웃집 부자는 작중에 등장하는 화자에게 '오늘 신문에 내 며느리에 관해 아무런 뉴스도 나오지 않거든요' 라고 말한다. 화자는 '며느리가 죽었는데..어떻게 뉴스기사로 나오지 않을 수가 있느냐'라고 한다. 결국 돈 많은 부자는 며느리의 죽음을 비밀로 하여 뉴스에 나오지 못하게 술수를 쓴 것을 폭로한다. 그러자 작중 화자는 다음과 같이-

와! 거대한 조국 인도여,
내 나라의 신문들이여 !
그렇다면,
이런 식으로 은폐시킨 진실을 알고서,
나에게 맥주를 마시라고 할 것인가!

이런 비리를 보고 작중 화자는 맥주를 결코 마실 수 없다고 한다. 이 시는 작가가 사랑하는 조국 인도가, 인도의 신문들이 얼마나 부패 했는지에 매우가슴 아파한다. 그러면서 마지막 문단을-

그날, 바로 그 날.
여인들이 분신자살에서
해방 되는 날 , 그날이 될꺼야.
바로 그 날은
여인들이 죽음으로부터 구해지는 날.
여인들이 분신자살에서
해방 되는 날 , 그날이 될꺼야.
바로 그 날은
여인들이 죽음으로부터 구해지는 날.

이라고 하면서 언젠가는 위대한 조국 인도에 비리가 없는 , 여인들이 분신자살에서 해방되는 날이 오기를 염원한다. 작가는 작중 화자의 말을 통해 다우리로 분신자살하는 여인이 없고, 여인들이 죽음으로부터 구해지는 날이 있을 거라는 기대를 하면서 작품을 마무리하고 있다. 여기서 우리는 작가'아쇼끄 짜끄르다르'(Ashok Chakradhar)의 작품이 폭로로 일관된 것 같으나, 그의 작품 속에는 자신의 위대한 조국 인도가 성(性) 차별 없는 위대한 사회가 될 것을 염원하고 있다.

4. 정치에 대한 불신

인도는 수많은 인구를 가진 나라로 국토 또한 거대하게 크다. 그러나 그 안에 많은 문제점을 안고 있는 나라이다. 특히 종교적인 갈등으로 인해 인도의 분리를 자행하기도 했고, 각 종교 간의 갈등으로 불안한 형국을 조성하고 있는 실정이기도 하다. 그 위에 전통적으로 내려오는 카스트제도로 인하여 인간 평등을 짓밟는 비인간적인 제도가 존속하고 있어 빈번히 일어나는 사회 문제 속에 폭동 등으로 여러 불안한 문제를 가지고 있는 사회이다. 그 내면에 언론, 경찰, 정치 등의 부패가 자행 되고 있는 이러한 현실을 작가의 다음 소개되는 시 작품을 통해서 살펴본다. .

장글 이야기

악어는 물에서 나와서
강변으로 왔다.
손으로 가리키며,
원숭이를 불렀다.
원숭이는 화가 났다.
컹,컹,... 왜?
너의 눈 앞에
나의 간(肝)만 보이니 ?
악어가 말했다. 아니,아니,...
너의 형수님이
특별히 너를 위해 싱갈래 (singhale)의
아짜르 (aachaar)를 보냈어 .
원숭이는 생각했다.
이것은 어떤 문제가
있는 것일까?
장글에 선거가
다가오고 있는 것 같아.
그러나, 명확히 대답하기를-
와!
아짜르 라고! 게다가 싱갈래의 아짜르 !
말하자면 연못에 있는 잎사귀 !
매우 자애로운 부인이로구나 !
아마도 사자가 선거에
나오는 것 같아.-
어떻게 알아 ? - 어떻게 알아 ?

악어가 말했다.
나는 알고 있었어
나는 알고 있었어
요사이 부패한 강물에
목욕한 사람은 단지
악어 너 뿐 이잖아.
목욕한 후에
멀쑥한 얼굴이
되었는데,
바로 그가 악어란다.

- 작품집 : 한소 오우르 마르자오 (haso our marjao) 중에

위의 예시한 작품 '쟝글 이야기' (jangal-gatha) 는 쟝글을 통해서 인도 사회의 선거 풍속도를 풍자하고 있다. 특히 이 시는 첫째 연에서 보는 바와 같이 <빤쯔딴뜨라(panchatantra) >의 '악어와 원숭이의 간' 의 이야기로 시작된다. 이 이야기는 우리나라에서 토끼전의 소재의 원천이 되었기에 우리나라 사람들이 익히 알고 있는 이야기이다. 시인은 이처럼 인도뿐 아니라 세계에 널리 알려진 이야기를 들고 와서 현대 인도사회를 풍자하고 있다. 이 시의 표현기법도 역시 앞의 살펴 본 세 작품처럼 대화체로 쓰여 진 것이 특징이다. 그런데 이 시는 앞의 작품과 다르게 의인의 기법으로 사용하고 있다. 동물의 이야기를 빗대어 인간의 이야기를 하고 있음이 특징이다. 둘째 연에서 '너의 형수님이 특별히 너를 위해 싱갈래의 아짜르를 보냈어' 라고 한 것은 독자들이 익히 알고 있는 정보와는 정반대로 연출되고 있다. 원숭이는 악어를 향해 '너의 눈 앞에/ 나의 간(肝)만 보이니 ? ' 라고 쏘아 부친다. 간(肝)을 요구할 줄 알았던 원숭이에게 악어는, '아니, 아니,... / 너의 형수님이 / 특별히 너를 위해 싱갈래의 아짜르를 보냈어' 이와같은 뇌물 앞에서 원숭이는 생각에 잠긴다. 왜? 내게 선물을 보냈을까? 하고........여기에 원숭이는 바로 선물의 뜻을 짐작하게 된다.

바로 정글의 세계에서 선거가 시작되고 있다는 사실을 직감하고 선물을 보낸 악어

부인의 의중을 알아차린다. 그리고 '매우 자애로운 부인이 로구나 !' 하고 원숭이는 악어에게 넷째 연에 오면서 악어는 '어떻게 알아 ? - 어떻게 알아 ?' 라고 깜짝 놀라서 되묻는다. 그런데 다섯 째 연에 오면서 원숭이는 악어를 향해 악어가 부패한 인물이라는 것을 직설적인 어법을 통해 비꼰다. '요사이 부패한 강물에/ 목욕한 사람은 단지 / 악어 너 뿐이잖아 / 목욕한 후에 멀쑥한 얼굴이 되었는데 / 바로 그가 악어란다 ' 원숭이는 악어에게 정보를 주는 한편 악어의 진면목을 폭로한다. 이러한 원숭이의 폭로는 인도선거 사회에서 등장하는 인물들의 모습을 풍자하고 있다. 부패한 사회 속에 부패를 저질렀던 인물이 멀쑥한 모습으로 다시 선거에 출마해서 유권자를 현혹하는 현실 정치가들의 위선적인 모습을 그대로 드러내 주고 있다.

시인은 이 작품을 통해서 깨어있는 유권자이기를 요구한다. 결국 이 시에서 마지막 연은 민담과 맥을 같이 하고 있다. 곧 약자인 원숭이의 승리는 민담에서의 이야기와 같은 결말을 도출한다. 이와 같은 기법은 옛날의 민담을 현대적 이야기로 풍자하면서도, 원래 민담이 지니고 있던 의미를 현대적으로 재해석함으로서 참신하고 감각적인 작품으로 재창조하는데 성공하고 있다.

'편히 맥주 한잔을....' 에서도 뇌물을 통해 무마되는 인도사회의 경찰관들의 부패상을 작품에서 잘 나타내어 주고 있다.

> ……상략……
> 경찰은 새로 결혼한 커플들을 위협할테고
> 그들에게 '이만큼의 돈을…' 하고 요구하겠지.
> 그러나- 리포트에는 ….
> 커플사이의 싸움으로 인한 것 이라고.
> ……중략……
> 아, 나도 .마찬가지겠지..
> 내가 아이디어 제공자잖아
> 도데체 경찰에게 어떤
> 믿음이라도 간다고 할 수 있단 말이냐?

……중략……
우리 나라에서
법이란 상당히 융통성이 있지.
여기에서 살인은 자살이라고.....
그렇게 쉽게 여기면 되는거야.
……중략……

언급한 위의 시구에서 살펴본 것 같이 살인을 자살이라고 해도 무마되는 인도 사회의 무법천지를 작가는 적나라하게 그리고 있다. 그 위에 경찰관들의 무사 안일주의 뿐 만 아니라 뇌물을 통해 모든 것을 무마시켜 주는 불법적 행위까지 가세하는 것을 고발해준다. 또한 신문들은 뇌물로 인해 뉴스거리를 뉴스로 만들지 않는 언론의 부패상을 다음에서 여실히 나타내고 있음을 알 수 있다.

아쇼크씨, 이거 받으세요 !
맥주 한 병 드리려구요…
오늘 신문에 내 며느리에 관해
아무런 뉴스도 나오지 않거든요 !
내가 말하기를 —
어떻게 그럴 수가 있는거요?
그 기사가 오늘 신문에 안 나온다니요!
그가 말했다 —
그래요! 오늘 신문에 말입니다!
내 며느리의 자살 건은
뉴스가 아니거든요,
그건 비밀이니까……
……하략……

작품 '편히 맥주 한잔을……'에서 작가는 인도 사회의 모든 구성원들이 모두 부패되고 있음을 고발하고 있다. 또한 앞에서 살펴 본 '축하'<Badhaii>나 '편히 맥주 한잔을……'<Biyar Kese Ppiung>등에서는 다우리를 지참하겠다는 약속이 지켜지지 않아서 며느리를 은밀히 공모하여 살인하면서도 청부업자가 팁을 더 주면 고통 받지 않게 빨리 죽일 수 있다는 조건으로 해 주겠다는 것을 보고 작중 화자는 선심을 베풀었다고 생각하는 시아버지의 모습에서 뻔뻔스런 인간의 잔인성을 본다. 며느리의 주검을 깨끗이 처리한 뒤 의사와 아들, 시아버지 셋이서 서로 축하하는 모습은 분노를 느끼게 한다. 이처럼 인도는 구조적으로 살인이 방조되고 있음을 사회의 모순성이 이 작품을 통해 폭로하고 있다.

4. 결론

서상한 바와 같이 작가는 삶의 문제를 시화(詩化) 해서 문제성을 제기하고 있다. 생존에의 갈망에서는 가난에 찌든 민중의 배고픈 현실을 절실하게 그리고 있다. 악습에의 저항은 다우리라는 인도 전래의 결혼지참금 문제의 심각성을 , 삶의 기대에서는 가난으로 어려운 실정에 지참금으로 생명까지 경시하는 풍조 속에서도 삶에 대한 희망을 포기하지 않는 삶을 시화함으로써 미래에 대한 기대를 노래하고 있다. 이처럼 작가 '아쇼끄 짜끄르다르'(Ashok Chakradhar,1951년) 는 인도사회가 안고 있는 문제점을 시화(詩化) 함으로서 문제의 심각성을 일깨우고 있다. 시인은 이러한 문제를 제기하면서도 언제나 인도사회가 바르게 교정될 수 있다는 희망의 끈을 놓지 않고 있다. 시인은 약자 편에 서서 문제를 제기하고 있음 또한 특징이다. '가비르다스는 0(zero)이다' 에서는 가난한 자에게 희망을, 작품 '축하' 에서는 생명이 경시되는 며느리의 모습을 , '쟝글 이야기' 에서는 정치가들의 위선적인 모습을 폭로하는 원숭이의 승리 등 모두가 다 약자의 편에선 작품들이다. 이러한 그의 작품 경향은 그를 '사회시인' 으로서의 면모를 빛나게 하고 있다. 또한 위에 소개한 시 작품에서 그의 표현기법은 대화체로 씀으로써 이야기가 있다는 점이며, 이러한 문학적 양식은 인도 고대서사시의 형식적 전통을 이어가고 있다는 것을 알 수 있다. 특히 대화체 기법은 극적효과를 얻을 수 있다는 것이 공통된 표현기법이라 할 수 있겠다.

이처럼 그는 현대 인도사회의 문제점을 시화(詩化) 하면서도 인도 전통문학의 소재와 양식을 재창조함으로서 유구한 인도문학의 역사를 오늘날 새로운 인도문학으로 창조하는데 성공한 시인이라 하겠다.

〈참고문헌〉

1. 작품집

* 쭈니-쭌나이(Chuni-Chunnaii)
* 볼래-발래(Bhole-Bhale)
* 따마샤(Tamasha)

2.문학잡지 및 논문

* Manushi , Jai Siya Ram.1997.(Jan-Feb) No.92,New Dehli
* ______________________________ 1997.(Sep-Oct) No.102,New Dehli
* Pravasi Sansar, 2007(Jan-Mar.),New Dehli
* Nayi Gyanadya ,2007(Aug.),New Dehli
* Vina ,2008 (Apri-June),New Dehli

3. 국내문헌

* 살아있는 인도, 아마르띠아 센(이경남 옮김), 청림출판사, 2005, 서울
* 신도 버린 사람들 , 나렌드라 자다브(강수정 옮김), 김영사, 2007, 서울

4. 외국문헌

Joshi, Sharad 2006. “Bhole Bhale”, in Chakradhar, Ashok 2006, *Ashok Chakradhar's Work*, New Delhi: Diamond Books.

Krishingth, Palival 2007. “Dlit asimta ke utkarsha se jurha he hindi ka bhavhishay”, *Nayi Gyanadya*, Aug.

Mamta, Kiran 1997. “Mamta kiran ki gajal”, *Pravasi Sansar kiran* 102. Sep-Oct.

Nirja, Madhav 2007. “Nirja Madhav se Narendra Dipak ki batchit”, *Sakshatkar* 333. Sept.

Singh, Jenendra Kumar 2007. “Virat nagar mebrihananala”, *Pravasi Sansar*. Jan-Mar.

Varghese, Sudha 1997. “Justice Denied”, *Manushi* 98. Jan-Feb.

<Abstract>

Ashok Chakradhar: His Poetic Interests

Noh, Young-Cha*

Key Words: Ashok Chakradhar, Dowry, Poverty, Indian Politics, Religion, Indian Society, Ward-heeling Politics

Ashok Chakradhar is a well-respected Indian poet who has been a strong representative for Hindi poetic world since last two-three decades. His poems contain a special style and simple language which attracts everyone. He writes in such a way that everyone is compelled to think about the practical problems while laughing on the other hand, after listening or reading his poetry. He writes about serious social problems which India faces, and also writes realistic poetry about the high-dimensional world.

This article summarizes four important features of his poetry out of his bunch of creations. First of all, his composition style for the characters' conversation makes the poems so effective that the readers feel like watching a play. In addition, his literary skill has a lot of satirical ironies. The words used in his poetry, evoke a laugh superficially, but have curiosity that faces up to reality. It shows the issues in Hindu society very well. Finally, the sharpness of his explanation not only reveals the social problems, but also paves the way to resolve them.

The article presents a deep analysis of his poetic works divided into four parts, i.e. desire for survival, resistance to social evils, distrust of politics, and expectations of life.

* Professor, Department of Hindi, Pusan University Of Foreign Studie

Ⅱ. 작품집

| 쭈니 -쭌나이(Chuni-Chunnaii) |

단 한 개의 자빠띠라도…..

마을에는 기근이 들어
최악의 상태였다.

어느 노인이 세월의 무상함을
자조하듯 –

텅 빈 뱃속에는 몇 개의 자빠띠나
들어갈 수 있을까
강가나트 ?*라고 묻는다.

강가나트가 대답하기를-
일곱개는 너끈하게!

노인이 말했다 –
그건 틀렸어!
정말로 틀린 답이라고 …..
자빠띠 하나라도
먹는다면,
뱃속은 빈자리가 없이
꽉 찰 텐데......

---

* 강가나트: '이름' (보통 사람을 지칭한 것임)
농촌에 심각한 가뭄으로 인하여 농작물이 수확되지 않은 상황속에서-어느 누구도 먹을 물, 한 개의 자빠띠조차도 눈씻고 찾아볼 수도, 맛볼 수도 없는 최악의 기근을 맞아…노인은 자빠띠 한 개라도 먹게 된다면 배가 꽉 차게 될 것 같은데, 아무것도 기대할 수 없는 이 상황이 그저 절망스러울 뿐….

그러나, 강가나트
바로 이것이 문제가 아니겠는가!
사실 지금 이 순간에,
단 한 장의 자빠띠가 …
우리에게는 없다는 게 말일세.

호기심

갑자기 장관은
마음 속으로 무엇인가를 생각하고는
얼굴에 그 표정을 나타내었다.
그는 개인 비서에게 묻기를-
- 이보게,
이런 것 들을 보고 민주주의가 존재한다고 하는가?

개인비서는 주저 주저..하였고,
매우 부끄러워 고개 숙이고 있었다.
- 말해 보게, 말해 보게
무엇이 민주주의인가 말일세 !

-사르(sir) , 여기에서는
　　국민을 위하여,
　　국민을 통하여,
　　국민의,
　　이렇게-저렇게 하여 존재하는 것.
　　바로 그것이 민주주의가 있다고 합니다.

---

* 선거를 통하여 정치 지도자가된 나라를 다스리게 된 국회의원등..정치가들은 당선되고 난 후, 국민은 아랑곳 하지 않고 그들의 권력만을 휘둘러댄다. 여기에 민주주의에 대한 비판이 들어 있음을 알 수 있다

데모크레시

어느 공원 구석진 곳에서,
잔디밭에 누운 채로,
사랑하는 이에게 묻는다 -

사랑하는 이여!
내게 말해줄 수 있니… 무엇이 '데모크레시' 인지?

그녀가 대답하길-,
그것은 너와의 약속 같은 것이지.
기다림으로,
초조해서 안절부절못하는 마음,
그것은 네가 나에게 온다는 약속을 하고서도,
때로는 결코 오지 않고
거짓을 말하는 것 같은 거…

어느 학자에게 물었더니-
그가 대답하기를,

우리는 정치학을 전공한 사람들로,
' 데모크레시'란 말이지….
자유, 평등, 그리고, 동맹이라고.

'자유' 란 '람' 신의 이름을 강탈한 것이고,
여기에 당나귀와 잔디…
이 둘이 살아 가는 것 .

잔디가 자라고 싶은 만큼 맘껏 자라듯이,
당나귀도 이 풀을 먹고 싶은 만큼 먹고,
눕기도, 서기도 하며
하고 싶은 대로 하려는 것.

그리고 '평등'이란..!
아무도 이것에 반대하는 사람은 없을걸!
우리가 사는 이곳에서는-
'가난한 사람들' - '가난한 사람들과'
'부자들'은 '부유한 사람들과'
'장관들'은 '장관들과'
'무사들'은 '무사들과'
우리 서로가 모두
평등 하듯이
도둑, 강탈자, 사기꾼, 모사꾼
낙오자, 소매치기등에게서도
동일한 무언가를 찾을 수 있잖아……,

말해 보시겠어요…. 무엇이 불평등한 것인지를.

그리고 '동맹' 에 관해!
여기에 있는 모든이여!
그렇다면, 들어봐라

서로 서로가 앞다투어,

뇌물을 던져주고, '동맹 '이라는 이름으로
상호 협조 속에서 날로 뇌물의 양은 늘어만 가고,
누군가에게 줄 뇌물이 몽땅 바닥나게 되면,
우리는 문제를 해결할
어떤 방도조차도 정말로 없다네 !

그때, 나는 '감방' (jail)친구 중 한 사람에게 물었지 -
미스터 내기(Mr. Naggi) , 무엇이 '데모크레시' 인지,
당신이라면
말씀 해 주실 수 있으실런지요….
그가 대답하기를 —

> '데모크레시' ? 라……..
> 오늘 갇혀있던 죄수가 며칠 동안
> 휴가 나오게 되지만,
> 반드시 감방으로 돌아가야만 될 것이라는…

결국에는 친구 '무사디랄'*을 만나,
무엇이 '데모크레시' 냐? 고 같은 질문을 해 보았지...
'데모크레시' 라….?
그것은 사무실에서 사장이 사무원을,

---

* '무사디랄' : 여기에서 '무사디랄' 은 아주 평범하고 , 보통사람의 이름임을 지칭한다.
* 당나귀: 이기적인 정치지도자들
* 잔디: 뇌물, 부패
* 동맹(바이짜라-바이+짜라) : brother+ animal food , 이것의 실질적인 의미는 뇌물로 주는 돈. 즉 누군가가 사람들에게 주는 뇌물로 주는 돈은 얼마든지 먹게된다 라는 의미.
* 평등: 인도에서의 평등을 말함에 있어 '가난한 자는 가난한자와 같이' 평등하고, 부자는,… 장관 ,무사등도 ..사기꾼과 같이 나쁘다고 일컫는 사람들 또한 그들 모두 동일한 일에 관계되어 있으므로, 인도에서 '불평등' 이라는 말이 어디에 해당이 되겠는가!

집에서는 아내가 하녀에게 야단치듯이,
사냥꾼인 사장과 아내가 쏜 저주의 화살로
상처받게 되는 것과 같은⋯..
상황에 직면하게 되면.
공격수가 차는 공보다 더욱 더 세게
되 받아 쳐 벌이게 되는거잖아 ⋯

이제 어느 누구에게도 나는,
'데모크레시' 가 이런 것-저런 것이라고는,
언급하기는 하나,
내가 생각하는 '데모크레시'는
소멸되어 버렸다는 말 ⋯이외에는
아무것도⋯

릭샤왈라

릭샤왈라*를 부르는
소리를 듣고,

그는
다리를 절룩거리며 왔다.

내가 묻기를—

이보게, 다리가 아픈데
어떻게 릭샤를 몰겠는지..
먼저 말해보게나!

릭샤왈라가 말한다. —
어르신이시여,
사실을 말씀드리자면,
릭샤는 다리로 모는 것이 아니고,
배로 움직여 몰아가는 겁니다.

---

* 인도의 릭샤왈라들의 처절한 상황을 묘사한 것임, 다리에 상처로 발을 절룩거릴지라도, 그는 빵(밥)을 벌기위해서는 더욱 더 힘들게 밥벌이에 나서야 하기 때문이다.

오존 층

부부지간에
쓰잘 데 없는 언쟁은
두 사람 모두에게
득 될 게 없으니…..
언쟁중 오고 간 욕설은
더러운 냄새와 함께
창문으로 빠져 나간다.

어린 묘목들과 같이
천진난만한 아이들은
그들의 먹을 것, 살아야 할 곳을
누구에게 물어야만 하겠는가?

날카로운 부부간의 다툼은
계속 끊이질 않고 이어져 ….

어린 묘목과 꽃-꽃병이라는
조화속에 어울림은 이미 어그러져 버렸고,
집안의 분쟁으로
가족이란 의미가 망각된 채
삶이 파괴되고 망가져버려
그 관계는 거의 깨져버렸으니,

우리의 가정을 이루는 오존 층에 구멍이
나 버리게 되었다네.

미스타 굽타가 시장에서
신선한 야채를 사 온 것을 보고,
미스터 깐나는 눈을 흘기며 쳐다본다.

미스터 빤데이,
미스터 끌리쁠라니가
새로 마련한 냉장고를 보고,
질투가 나 어찌할 바를 모른다.

새로 구입한 미스터 자화리의
소파를 본 ,미스터 까뿌르 사합은
도끼로 부셔버렸으면….
하는 생각만으로 머리 속이 가득 차있다.
미세스 로하의 질투의 보울(bowl) 은
항상 질시로 달아 올라 있었다.

사를라 안티(Sarla Aunty)가
그녀의 금 장신구들을 보여주자,
미세스 바르타는 금새 깊은 상처를 받았으니,
그녀의 욕망 속 허영심을 ,
채워주는 돈이 없기 때문이리라…

미스터 메흐타가 승진하게 된 이래로,
미스터 샤르마는 여러 번
마음의 상처를 받아,
서로의 인사는 무시한 채로,
서로 질시하여 둘의 관계는 망가져가고-
아무런 의미없이 무뚝뚝하게
"안녕하세요"? 라고 물으면-
대답 또한 기어 들어가는 목소리로
"당신에게 축복과 기원을……." 이라고.

대부분의 사람들, 지역사회
복지기금 후원에 아랑곳 하지 않고,
사장과 비서는 항상 서로의
다리만을 잡아 당기고 있으니,
그들간의 갈등요인이 아직
해결되지 않은 채…
지역간의 오존 층에도 역시 구멍이 나…

나이든 사람들을 '죽은 미스터 반와리' 와 같이-
미스터 라마타는 검은 코트를 입은 자들로
가득 찬 법정을 계속 맴돌고만 있으니…,
문맹과 결핍으로,
농촌의 우물은 바싹 말라버렸다.

마을의 고리대금업자는 악랄하게

물의 원천을 완전히 고갈시켰으며,
거대한 산업체는 영세 공장을 꿀꺽 삼켜버려
소들의 어깨를 병약하게 만들고야 말았다.

'정의'라는 이름의 숫고양이들은
그들이 원하는 모든 곳을 자유롭게,
활개치며 돌아다니고,
미스터 람도얄은 그가 도시로 떠나 간 이후
다시 마을에 돌아오지 않고 있다.

수즈람, 수프람 등….
시골에서 온
매우 천진난만하고, 성격좋은
샤야마를,….
누군가 그녀의 삶을
짓밟아 놓아 버렸으나..
어느 누구도, 아무 짓도 하지 않았다고
시치미떼고 있으니,
샤야마가 받은 마음의 상처로
하얗게 변해 버리고 말았네.
이 또한,
마을 오존 층에 또 다른 구멍이 드러난 것을
보여주고야 말았네….

'발전'이라는 이름의

새로운 콘크리트 빌딩들…
더욱 높이, 더 많이 !
시멘트와 나무로 , 숲은
망가지고 있는데….
가난한 이들의 초가집.
그들만의 구역에…
높은 빌딩 하나 둘씩
침입해 들어서고
있다.

이제 더 이상
새들은 아침 노래를
부르지 않고
바쁜 걸음으로 여기 저기로 ,
달려가고 있는 정직한 사람들은,
이러한 경주를 끝내려고 한다.

미스터 찌란지위*는 성인영화에만
열중해 있으니… T.V 가 결국에 -
우리 문화 말살을 주도하려는가!
에어컨과 선풍기에 집착하는
모든 이들은 ,
열려진 창 틈으로 새어 들어오는 ,

---

* 미스터 찌란지위 : 어린 14, 15세 남자아이가 'adult movies' 에 심취되어 있음을 나타내느라고 이 시에서는 어린 남자아이를 지칭하는 이름으로 대체됨.

신선한 공기를 맛 보려 하지 않고,
기다릴 생각은 더 더욱
없으니…,

그리하여 화장의례로
나무가 턱없이 부족하다는
위기 의식으로,
소녀들이 불에 태워지게 하고 말았네*
경찰서에 신고하나, 뇌물을 먹은 경찰은
깨끗이 졸속 처리로 접어 버린다.
쌍방 합의하에 뇌물의 물만이
흐르고 있을 뿐….
정직성은 고갈된 채로,
도덕성이 강물에 쓸려 가 버리게 되었으니….
이는 현대 소음문화을 망각한 것이기 때문일까..
망난이 같은 짓, 바른 행동, 자세
에티켓, 타락 등…의 어휘들은
그 차이와 혼합된 것조차 구분할 수 없으니,
도시 오존 층에 또 다른 구멍이…..다시 또.

새로운 운하 사업은 거대한 계획 안,
서류 속에 묻혀, 단지 미술반에서

---

* 소녀들이 불에 태워지게 하고 말았네
시인은 여기에서 숲에 있는 나무를 태워서 화장을 하는 인도장례의례를 풍자하기도하면서, 나무가 부족하게 되면, 심지어는 'Dowri System' 에 해당되는 어린 소녀가 '다우리시스템' 으로 인하여 불에 태워지게 되는 사회제도 역시 함께 풍자하려했다.

'파도그리기' 만을 묘사하고 있을 뿐….
이런 정치적인 현실에서 우리 모두가,
고아가 된 듯…..
아무런 책임의식 없이,
그저 '의자'만을 지키려는 '칩꼬 무브먼트'(chipco movement)*
모방한 위선과 아집만으로…..
다른 이들에겐 그 파워를 꽉, 꽉 조이며,
자신은 느슨한 상태로 느긋한 자세로…..
가치 척도를 알려주는 조국의 산 들조차
모두 잃어 버리고 말았고,
어느 곳에서나 늘어나고 있는 단 한 가지.
전쟁 , 폭동의 덩굴들.
폭력의 강물은 급속히 붉은 색으로 흐르고…,
어느 누구라도
우리들의 20세가
그런 식으로
93세가 되어,
그 만큼 세월이 지나게 될지라도,….
억지로 지배 , 통제하지 못 하는 것이 시간이리라.
아이고,
모든 신문들이 각기 제 각각의

---

* '칩꼬무브먼트'(chipco movement) : chipco' 의 의미는 'stick with' 라는 뜻으로 모든 이들이 자리를 'stick with' 하기를 바란다. 300년 전에 인도 라쟈스탄 비쉬노이 공동체를 이룬 300여명이 넘는 사람들이 암리타 데비(Amrita Devi)라는 여성 지도하에 그들의 신성한 케즈리(Khejri)나무에 자기 몸을 묶음으로써 나무를 구하는 일에 목숨을 바친일 있다. 이 일을 기점으로 칩코의 역사가 시작된다.' 후에 이는 인도의 여성 생태 환경 운동의 시발점이 되는 계기가 되었다.

방향으로, 통일성이 결여되어 있으니 …..,
그 그림자만 보고 어떻게 판단하란 말인가!
국가의 '꿈' 들이라 불리는 공무원들이,
막무가내로 법적인 것과 엇나가고,
극단주의자들,--
그들만의 교활한 사상은
그릇된 방향 쪽으로 사람들을 이끌어 가고 ,
종교라는 이름하에 사막과 같이
황폐한 가슴을 뒤덮은
'증오'심의 확대가
순수한 종교인을
빠른 속도로 테러리스트로
만들어버리는 풍토에서,
감정의 폭발이 홍수처럼 넘쳐나 ,…
보여주기 위해 흘리는 눈물도
넘쳐 흘렀나니……
'힌두, 무슬림, 시크, 크리스챤
우리 모두는 서로 형제'
정말로 모두 형제 간이겠지…..
이보게 , 정말로 말야.
그러나 우리 마음 속 어디에선가
서로 서로가 불신, 반목의 감정으로,
다른 이들에게
갈등을 가지고 있네 그려! …그리하여
국가의 오존 층에도 커다란 구멍이 뚫려 있는 것이

훤히 들여다 보이는군!

나라 마다의 경계선을,
그 가치 척도로
여기려는 친구여!
환경의 과잉 현상으로 인한 홍수는
이 세상 어느 곳, 모든 것에 존재하는 것.

가장 기본단위인,
가정의 오존층 - 모흘라* 또는 마을.
마을의 오존층 - 도시
도시의 오존 층 - 국가
국가의 오존층-세계 ..라는
그러나,
나는 모든 오존 층에
구멍이 뚫려 있어 안타까운 마음을
말한다.

결론적으로, 친구여!
아직도 우리가 깨우칠 수 있다면-
우리가 오존층에 뚫린 구멍을 수선할 수 있다면 -
아마도 나는 어떤 방식으로든지,
인간 본성 ,환경보호를 위한 안전교육
분야로 제한하여야 한다는 의도가

---

* 모흘라 : 시골의 마을 단위, 인도의 행정구역 단위.

담겨지도록 하려는 것이
내가 말하고 싶은 것이었어.

숲속과 같이 모든 자연속에
풀밭, 언덕, 웅덩이, 연못, 대양 등…
항상 인간을 평온함으로-
거대한 산은 우리에게 상쾌한 공기로-
우리를 감싸주곤 했다.
만약 우리가 이러한 자연을 망가뜨리게 된다면,
그것은 .
반드시 우리 스스로 미래를
파괴하게 되는 것이리라.
우리는,
복원될 수 있는 모든 상처가
환경 보호에 의하여 치유될 수 있다면.
폭력의 난무도, 긴장, 스트레스까지도 ,
극복할 수 있게 될 것이라는 것을 납득하지 못하고,
있었다는 것이 사실이다.

어느 누구라도 나무를 꺾었을 때
그 고통을 느끼게 된다면
다른 사람들을 해롭게 하지 않을테고,
인간은 자연의 고통을 분담하려할 것이다.
우리는 민둥산에 물을 주고 또 주어서…..
그때 저 땅이 다시 푸르게 변하게 할 수 있을 것이다.

모든 곳에서 사랑의 이야기가,…
우리는 포도밭에 머리를
부딪히게 되지 않을 것이고,
그때,
우리는 모든 나무와
푸르름 속에서
음악을 음미하고,
지적인 사람으로 한 걸음 더 나아가
자연히 그때,
공기와 물 때문에
순수하고 정갈한 맛을 만끽하게 되리라.

탐지기*

장애물을 뛰어 넘고 난 후,
탐지기를 들자 마자
내 머리속에 "슈,-슈-"
소리가 났다.
목을 뒤로 돌려 나의 아내를 보자
그 때, 갑자기 탐지기에서
아내의 목소리로,
"나는 이 사람을 먹여 살렸어…".라고 말했다.

그가 거리를 어떻게 걸어서 왔는지조차도
그는 매너나 에티켓도 모르고 있으니 말이다.
항상 아내와 함께 있는 생각이나
길에서 가난한 거지들과 같이 무언가를
줍곤 한다는 것을 스스로
잊고 있었던가 보다.

……이 사람보다
사실상 이 사람보다 더,
저 뿌나 출신의 엔지니어는

---

* 탐지기 : 시인은 그 스스로에게 말할 수 있는 상상의 도구가 있다고 가정을 하고 그 도구를 소재로 하여 상상 속에서 그 만이 다른 사람들의 생각을 전부 알 수 있는 '탐지기'에 관해서 썼다. 이것은 사실상 불가능하다.여기에서 시인은 상상의도구 '탐지기'를 통해서 다른 사람의 생각을 알고난 후 행복해지기도 하고, 슬퍼지기도 하였다.

이 어리석은 나보다 훨씬
수준 미달의 사람이었다.
그가 나를 지프차에 앉히고
쇼핑 가자고 했을 땐,
적어도 이 어리석은 사람을
길거리에 내버려두지는 말았어야 했던 것이다.

탐지기를 내가 습득했을 당시
이것은
매우 위험한 것이라고,
그러나 탐지기를 파악하게 된 후
잘 되었다고 생각했다.
뿌나 출신 저 엔지니어에 관해서
이 탐지기로 무언가를
알아내게 되면서부터-

더욱 더 알아보자. -
이 탐지기로 그밖에 무엇을
더 알 수 있고, 비밀을 알게 될까?
자.. 이제 친구를 만나러 가자.
나는 친구집에 문을 두드렸고,
그가 문을 열어주었다.
밖으로 나와 그가 웃었다.
바로 그 때,
나의 머리속에서 탐지기가,

"슈-슈-"소리내기 시작했다.

탐지기가 말했다. -(친구의 생각들을…)

"헤이, 너 혼자 왔구나!
너의 아름답고, 예쁘고, 섹시한 아내는
왜 안 데려왔는데 ?"………..

나의 친구가 나에게 직접 말하기를 -
오호! –
네 셔츠 매우 화려하고 멋지군!
어떻게 지냈냐?
제수 씨는 어때? 제수 씨 안녕하시냐고..
묻는 거야…

내가 답하기를-
아름답고, 어여쁘고, 섹시한
그 여인 말이냐?
……
그가 속으로 말하기를-

"이봐, 함부로 혀를 놀리는군!
몹시 저질스런, 야비한 어휘로
제수 씨를 빗대어 마구
그런 말 사용해도 되는거냐 ? "

지금 바로 내 눈 앞에서는 그가

얼마나 신사답고 ,고상하게
행동하고 있는지를 알게 된 나는
속으로 생각하기를-

"아, 그는 거짓을 말하고 있구나!
겉으로는…."

그래서 이제부터 나는,
좋든, 싫든 무엇이든지
결코 겉으로 반응을 나타내지는
말아야겠다고 결심하였다.

그러나 나는 새로운 경험을
두루 두루하게 되었어.
어느 '이상주의자' 인 친구를
만나러 갔는데…
그는 밖으로 나오지 않고
그의 아내가 나와서 미소를 짓더니,
나의 손을 잡고서,
내 친구인 자신의 남편이
심한 두통으로 방금 잠이 들었다는 거야..
탐지기가 말해 주었어……

"그녀는 거짓말을 하고 있다고 말야…
그는 잠 자고 있지도,
두통으로 앓아 누워 있지도 않고…

집안에서 몇 몇 다른 친구들과
게임을 하고 있는 중 이라는 거야."

다음날 나는 대학에 갔어.
B.A. Final 강의실에서
강의 중이었지..
창문 가까이에
어느 여학생이
앉아있었는데..
그녀는 나의 강의를 열심히
듣고 있는 것 같지 않았어.
그녀의 머리 속 에서는 다른 생각을
하느라고 정신이 없었어.

그때, 탐지기를 켜서
그 여학생의 생각을 알아 보았지…
그랬더니, 그 여학생이 생각하고
있는 것을 알게 되니 ,
무척 흥미롭더군.!

"교수님,
당신은 상당히 핸섬하시나,
조금 더 키가 크셨더라면,
훨씬 더 보기 좋으셨을텐데요 " !

"노트북에 그녀의 얼굴을

그리고 있었던
크래스메이트인 한 남학생은
상상 속에서
그 소녀와 함께
피크닉을 즐기고 있는 중이기도 했어."

프로이드(Froid) 가 말하기를 -
"이 세상에 존재하는 모든 것은 바르고 진실된 것.
인간은 아무것도 가지고 있지 않다 ..
그러나 인간의 잠재의식 속에는 늘 섹스는 존재하고 있다 ."라고
심지어 나를 아는 몇 몇 사람들은
나의 시 언어로는 그러한 것들을
결코 표현할 수는 없을 거라고
언급하기도 하였지..

언젠가 한번은 호텔에서
웨이터가 나에게 5루삐 20빠사를
되돌려 주었어.
나는 5루삐를 받았고, 단지 20빠사는 팁으로 주었지.

이때 탐지기에서 이렇게 말해주는 거야-
("웨이터가 말하고 있어" 라고…)

"이런 가난한 인간들이
호텔 같은 곳에 와서
어떻게 처신해야 할지..

뭘 알겠어?
팁으로 50빠사 조차도 주지 않을 거야" 라고.

나는 이런 생각이 들었어-
이것은 어떤 연민이라고,
그는 더 이상 욕설을 퍼붓지는 않았으니까, 나에겐.

어쨌든 이 탐지기는 대단한 역할을
해 준 것만은 틀림없어…
때론 매우 행복했고,
때로는 슬프기도 했으니까 …..

- 두텁게 립스틱을 발라야 하고,
겹겹이 파우더를 덧칠해야만 하는 저 소녀,
그녀가 살고 있는 형편이…
얼마나 열악한지,.나는 잘 알고 있지.

-그리고 빤(Pan)* 파는 장수말야,
탐지기는 빤(Pan)을 나에게 판
그에 관해서 알려주었지….
'최고의 빤' (SUPER 1)
이라 적혀 있는 이 빤(Pan)은
이미 그의 아내가 맛본 것이라는 것을….

언젠가 '시인을 위한 세미나' 행사에
탐지기를 가져가

---

* 빤(Pan) : 나뭇잎에 속에 넣는 니코틴 류에 해당하는, 또는 자신이 좋아하는 기호품등을 넣어서 씹어 먹는 것인데…..커피, 차, 등 인도인들의 popular 한 기호품 중에 하나이다.

다른 시인들이 준비한 것들,…..
무엇을 준비해 왔는지를 ,아주 상세히.
미리 알게 되었어.

겉으로는 “와-와” 하면서
입에 침이 마르도록 칭찬이 쏟아졌으나,
마음 속으로는 저주와 악평으로
가득 차 있을 뿐 …..
모든 이들은 형식적으로만
나를 비판하려 하였으나,
마음 속으로는
온갖 욕설, 저주를 일삼았다.
그러나,
‘세미나’ 라는 공식 행사는
기획자의 연출 , 구성, 기획이
돈에 가리워져 있었으니..

적어도 내 생각에-
이 탐지기는 내가 생각하는
환상(Illusion)을 명확하게 밝혀 주었다.
내가 시를 낭송하는 동안에,
나의 시인 친구들은
모두 다 함께 -
‘오 호,- 역시..
오랫동안 멋진

작품을 발표하곤 하더니..!

그에 대해 질투하던
모든 청중들이.

잘려진 손들

작은 군용 포대, 가까이에
무엇인가가 담겨,
배달되어 왔고,

경찰서 안에 들어 선 경찰관이
갑자기 상관을 보자마자 ,
거수 경례를 올린다.

그후 경찰관의 눈이
배달된 포대 쪽으로 가고,
거수 경례를 급히 올리며….
포대가 찌그러져,
짙은 색의 누르스름한
붉은 핏방울이 뚝,뚝 떨어지고
있었으니…!

상관이 묻기를-
이보게! 저 포대에서 떨어지는 것이
무엇인가?
자네 어디서
샤베트 드링크를 가져온 거야?

경찰관은 당황하며,-

    상관님, 이것은 샤베트
    가 아닙니다.

-샤베트가 아니라고 ?......
그렇다면 왜 안절부절
못하고 있는거냐?
샤베트가 아니라…?,
그렇다면 꿀이란 말이냐 ?
경찰관은 몹시 떨면서-
사르(Sir)!
이 포대 안에는 꿀이 아니고,
'그 밖에 다른 어떤 것'이 있는 것 같습니다.

그밖에 다른 것이라…!
그렇다면, 피…?
이봐 ,빨리 말해 봐라!
혹시 자네.
닭을 죽였거나,
염소 다리를 잘라온 거 아냐?
그랬다면…좋지 –
우리 요리해서
같이 먹어 보자구!

사르(Sir)!

저는 요리할 수도 먹을 수도 없습니다.
제가 할 수 있는 것은 ,다만…
상관님께 보여 드릴 수는 있다는 것일 뿐 .
아무것도
제가 할 수 있는 것이라곤..

이 정도로 말하고 나서
경찰관이 포대를,
탁자 위에 놓고 풀었는데…
포대를 풀자마자, 상관도
해괴망측한 상황에-
혼비백산 되어버렸다,
그 안에는 어떤 한 젊은이의
잘려진 두 손들이 있을 뿐이었다.
상관이 물었다.-
말해 봐라! 말을 !
이게 무슨 해괴망측한 일이야!

경찰이 말하기를….
사르(Sir)! 그것은
사고 였습니다.
기차레일에서 일어 난.
사고 였어요….

레일웨이 사고 였다면,

그것이 왜 여기로 까지
오게 되었느냐?
또, 너는 20%의 몸(손들)은
여기로 가져 왔고, 나머지
80%(몸) 은 어디에 두었다는 거냐?
도대체….

경찰관이 말했다.-
사르(Sir) ! 저는 그 80%(몸)가
살아있다는 것이 신기 할 뿐 입니다.
그것이 완전히 죽은 시체 였다면,
제가 여기에
저것을 가져 올 수 있었을까요?
저는 저 잘려진 손들과 다른 것들을
완전히 없애 버렸을겁니다.

제가 도착하기 전,
이미 괴이한 일이 일어났어요.
그는 ,
그의 양 손이 잘려진 채,
똑바로 서 있었어요.
저는 기차가 지나간 후,
그를 향해 달려갔어요.
망치처럼 꼿꼿이,
무뚝뚝하게 서 있던 그가

그제서야 나를 쳐다보고는
입가에 웃음을 띄기 시작하더군요…
불구가 된 팔들을 흔들어 대며 말하기를-
"그 손들을 가져가, 가져 가"

아무 소용 없는 것들이야,
아무 짝에도 쓸 데 없는것들이야,
그리고 신문기자들을 불러 줘,
왜 ? 내 손들이 잘려졌는지를….
그들에게 말해 버릴거야.
배고픔과 극심한 빈곤으로 지낸
지난 15년 이라는 긴 세월동안 ,
내 손들은 아무것도 해 내지 못했어!
맞았어, 그렇기 때문이야 !
그런 이유 때문에…
나는 이 손들이 아무 짝에도
소용없는 것이라고 생각했어.
나 , 스스로 이 손들을 잘라내야겠다는 생각을 했어.
잠자고 있는 이 민주주의 국가에서
나태해져 맥놓고 있는 기자들에게,
문제의식을 위한 정보를 주어야만 했어….
이 잘려진 손들로,
15년동안
살기 위해 허구헌 날,
생계를 찾아 나서야만 했다고….

엄연히 사람이 살아 움직이고 있다 하더라도,
여기, 이곳은
생계를 찾아 헤매는 시체 만으로 가득 차 있을 뿐이었어.
그 손들을 끄집어 내어 가져가!
헤이, 경찰양반 !
그 손들을 끄집어 내어 가져가란말야 !
이봐! 내 손들이 이미 잘려 있어도 나는 살아 있잖아…
그런데 ,
너는 왜 죽은 사람처럼 생각하는거냐 ?

상관님!
여기까지 듣고서 저는 겁이 덜컥났어요.
이게 도데체 뭐야 ? 귀신인가 ?
어찌되었든지간에 -
나, 스스로를 간신히 버텨가면서,
즉시, 잘려진 손들을 끄집어내어
포대속에 넣고 묶어 버렸지요.
그리고 여기로 가져 왔던 겁니다.
이제 잘려진 이 손들을
어떻게 서류로 보고해야 하나요?
이것들을 태워 버려야 할런지요..
아니면 땅에 파묻어 버려야 할까요?

상관이 말하기를 -
이러한 사건은 매우 심각한 일이야..

그러나 태워버리거나, 파묻는다고해서
무슨 문제거리가 될까?
아이고, 이 양반아, 어째 이리도 순박하실까!
그 사람이 살아 있잖아요,
바로 그에게 쏜살같이 달려가,
당신은 힌두요 아니면 무슬림이요?..묻고,
이 손들을
만약 그가 힌두교도 라면,
화장 해야겠지요.
한편 그가 무슬림교도 라면,
매장해야 만 할 겁니다. 아마도….

경찰관은 말했다.-
상관님!
이제는 제발 그곳에 보내지 말아 주시기를… 저를.
그리고 이 손들을 상관님 께서 반드시
간직하고 계셔야 만 해요.

상관은 갑자기 혼란스러워 졌고,
이렇게 잘려진 두개의 손들을 보고서 겁이나,
말했다-

이 손들을 의과대학으로 보내 버려!
의대생들은 이 손들을 살펴 보고 겁내지는 않을거야!
그들은 이 손으로 실험하고 연구도 하게 되겠지…

그 이후에 어떠한 일이 일어나게 될런지
저도 모르겠습니다만……,
이 사건은 내 마음에 무언가를 남겨 놓게 될 것임에 틀림없어요..
아이고 !
정상적인 교육으로 능력이 갖춰진 그 젊은이가… ,
자신의 두 손들을 잃었다고 생각해 보세요!
그리고 나는 타임즈 오브 인디아 (Times of India)* 에
있는 그대로를 말해 버리려고 해요.
어느 남부 지방에 사는 젊은이에 관한…
이러한 소식을 접하고서,
나는 울음을 터뜨리지 않을 수 없었다고 말예요.
그리고 소위 지체가 높다는 고위층 사람들이
왜 이런 사실을 알고서도 부끄러움을 느끼지 못하는지 ! ….라는
생각이 들기 시작했어요.
아이고머니나…!
오늘날 당신들이 좋게 포장한 말 솜씨로 대하는
극진한 배려로는…..
한 사람의 배를 채우기 위해서,
두개의 손 조차도 아무 소용이 없는 것 이잖아요.!
그 젊은이는 당신들의 거짓 약속들, 반복되는 거짓말에,
지칠대로 지쳐 버렸어요 !
한편으로는 스스로 이 두개의 손들로는 아무것도
할 수 없구나! …. 라는 생각이 들었겠지요 .

* 타임즈 오브 인디아 (Times of India) :현재 인도에서 영어로 발행되고 있는 대표적인 신문.

그는 이 두 손으로,
어떤 집을 설계해서 건축해줄 수 있었고
이 두 손으로,
총을 쥐고서 조국을 방어할 수도 있었고
이 두 손으로,
그는 어떠한 도로든지, 길도 넓힐 수 있었을 것이고..

거기에다가 칠판에 'ह'(ha)철자로 'हाथ'(haath)를 써서
아이들을 가르칠 수도 있었다.
이 두 손으로,
그는 어린 시절에 중간, 학기말시험을
일년에 두번 치루어 내야 만 했을 것이고,
어머니의 축복의 기도 또한 받았으리라.
또한 이 두 손으로,
1st 등급으로 패스했다는 제일 기쁜 소식도,
이 두 손으로,
학문의 성공을 위해 축복의 미타이*를
먹었으리라.
이 두 손으로,
그는 학위를 받을 수 있었을테고,
이 두 손으로,
그는 직업을 구하기 위해 신청서를
여기 저기에 제출했으리라.

* 미타이 (mithaii): 단 것, 인도인들이 후식으로 먹는 sweetdishes

그리고 만약에 직업을 구하게 되었다면,
청년이 된 아들, 이 아들이….
이 두 손으로,
어머니 발에 입맞춤 해 드렸으리라.
행복이 충만한 매 순간마다
이 두 손으로 드럼을 두들겨대게 될 것이고,
그리고 언젠가 특별한 첫날 밤을 맞이하여,
이 두 손으로,
그의 신부의 베일을 들어 올려 주게 되리라.
이 두 손으로,
고개숙여 딸을 위해 경건히 신께 기도 드리고,
이 두 손으로,
울고 있는 아들의 목을 어루만져 따쓰함을 느끼게 해 주었으리라.

그러나, 나의 친구는 결국…….
너의 두 손을 잘라 내버리고 말았구나!

그러나, 너는 결코 겁쟁이가 아니었잖아…
네가 겁쟁이였다면…. 너는 스스로 자살해 버렸을테지.
그리고 이런 사회속에 구성원으로 살아 있을려고
하지는 않았을거야. …

사르다르 바가뜨 싱(Sardhar Bhagatt Singh)* 그가,
팸플릿에 고 하기를 - 국민들에게,

---

* 사르다르 바가뜨 싱(Sardhar Bhagatt Singh) : 인도의 독립운동을 한 위대한 지도자 .

" 조국이 독립되었으나 ,우리는 자유롭지 못하다.
그리고나서도 조국이 국민을 실직자로 만들었나니,
스스로 우리는 손들을 잘라 내야 만 했다.!"라고.

나는 그렇게 과대 포장해서
말하고 싶지는 않아.
그러나 사랑스러운 너,
국민의 한 사람으로서, 너….
너의 존재는 어떠한 지도자보다
부족하지 않다는 것을 잊지말도록 해!
너의 존재는 어떠한 지도자보다
부족하지 않다는 것을 잊지말도록 해!
왜냐하면 네가 치뤄 낸 희생 뒤에는
실직한 수만명의 젊은이들이 곳곳에 있었다는 것을,
그리고 곳곳에 존재했던 자들은 -

우리에게 일거리를 다오,
우리에게 일거리를 다오,
우리에게 일거리를 다오. 라고……

헐벗고 굶주린 가족들의 한 끼의
로띠*만이라도 해결해 보려고 하는
그들의 아주 소박한 간청 이외엔
아무것도….

---

* 로띠 : '빵' 을 뜻하나, 인도인들이 주식으로 먹는 자빠띠를 일컫는 말이다.

경찰관과 시

이른 아침 누군가가 나의 집 문을 심하게 두들겨,
내가 소리치기를 –

헤이, 이보게!
문에 벨이 붙어 있잖아.
버튼을 눌러라.
문에 대고 권투연습은 하지 말게!

문을 열었을때, 거기엔 경찰이 있었다.
그 순간 머리 속에 경찰이라 함은,
이전부터 걸끄러운 존재라고 생각을 하고 있었는데….
이리도 이른 아침 카키 옷을(경찰 유니폼의 색깔)
입은 사람이 느닷없이 찾아오니 웬지 오싹해졌다.
내가 묻기를-

어떻게 오신겁니까? 여기에

대답했다. –

여기가 당신의 집이 라는 것을 확인 했어요.
저는 매일 당신의 집 앞에 올 예정입니다.

매일 오실 예정 이라니요!
사실 땀으로 범벅이 된 채로, 흠뻑 젖어,…
머리속에는
웬지 모를 두려움에 시커먼 구름이 좌악 깔려 있는 듯 ….

지금 뭐라고 말씀 하셨습니까?
매일 오시겠다니요?
그렇다면, 제가, 모종의 사기 사건에라도
연류되어 있다는 것을 의미합니까?

경찰관이 대답했다.-

아, -아니에요. 아닙니다. 아쇼끄씨.
그렇게 생각하지 마시고,
우선 땀부터 닦으세요,
저는 "까르따르 싱" (Kartar Singh) 이고,
경찰서에서 경찰관으로 일하고 있으나,
원래 저는 예술가(시인, 작가) 의 길을 지향하고 있지요.
저에게 올바로 나아가는 길을
지도해 주실 수 있으실런지요…….
시를 어떻게 쓰는 것인지를 가르쳐주셨으면 해요…!
저는 당신의 제자가 되고 싶습니다.

용건을 듣고서 비로소 마음을 놓으며,
나는 아무것도 아닌 쓸데없는 일에도 겁을 먹는
유약한 사람이라 큰일이야!

— 오, 그렇다면 당신이
시를 배우러 이곳으로 오시겠다고요?
그런데
경찰관과 시, …시작(詩作)이라!
이보게
어울리지 않네, 그려….

그가 말하기를-

걱정하지 마시지요.

제가 잘 어울리도록 할 테니까….
단지 제자로 만 받아 주신다면,
당신의 가르침에 따라 시를
써서 보여드릴 것입니다.

내가 생각하기를 , 나에 대한 호칭을 '당신' 대신에
'너'라고 낮춰 부르겠네…, 시를 배우기도 전에
벌써 나를 지배해 버리려는 생각이로구만…
좋아, 음..
그가 한 말들에는 아랑곳하지 않고,
묻기를, 그에게 —
시를 써 본 적이 있습니까? - 이전에..

그가 말했다 — 한 번 들어 보시겠어요?
내가 말하기를 —
아니, 아니, 지금 당장은 아니고요…
실제로 나의 제자를 이와 같은 방법으로
삼지 않습니다..
먼저, 주제를 주고 시를 써서 가져오라고..
후에 시를 보고서, 제자가 될 수 있는
자격의 여부를 판단하지요.

그는 몹시 들뜬 기분으로,묻기를-
주제가 무엇인가요?

내가 말했다.-
잘 들어보게, 때는 저녁시간,
언덕아래로 태양은 점점 빠져 들어가고 있는 황혼무렵에 …

새들이 재재거리며 떠들어대고,
개구리들은 개골개골 소리내고 있는데-
어떤 이는 오랫동안 거기에 앉아 따분하고 지루한 듯,
그러한 저녁 시간에 느끼는 그 사람의 비애, 또는 슬픔.

이것에 관한 시를 써서 가져와 보여 주도록….
너무 길지 않게… 짧은 시를…

그가 말했다.-

좋아요! 나마스까르.
지금 갈께요.
그럼, 내일 뵙겠습니다.

나는 안도의 숨을 내쉬고는,
생각하였다. 를 창작 하는 일이 장난이 아닐거야. 아마도
경찰관이 말처럼 쉽게 해내기 힘들거야..
그러나 그 경찰관은
바로 그 다음날에 한 손에는 스틱을,
다른 손에는 종이 뭉치를 가지고 어김없이 왔다.

– 구루지, 들어보시고, 칭찬해주시지요.
황혼이 깃든, 저녁에 어떤 남자의 비애를..
긴 시가 아니고, 짧게 쓴 시에요!
일단 들어보세요. –

강아지 목에 달린 벨과 같은 노란 태양,
차츰 에스.피(S.P: superinterdent of police)의
얼굴 같이 핑크빛 으로 변해 버렸네
곧, 그것은 얻어터진 소매치기 머리처럼

불그스레하게 이상하게 변해 버렸네.
쇠고랑소리 같은 새들의 지지배배 재재거림과
경찰관이 코고는 소리와 같은 개골개골 개구리소리
경찰관 유니폼색깔 같은 언덕 아래 떠있던 한 낮의 태양이,
오래 전 수많은 밀수업자들이 도망치 듯 달아나 버려,
어느새 어둠으로…..
이 상황 속에서 소매치기에게 지갑을 털린 채
빈 지갑만을 지니고,
몹시 우울해져버린 경찰관….
그는 절망에 빠져버려, … 오늘 저녁, 정말로
액운만이 가득한 저녁이라 아니할 수 없지 않은가!

- 구루지, 제가 쓴 시 ….어떻습니까?
제자로 삼으실 수 있으실런지요 아니면…?

내가 말하기를-

이보게 친구, 제자로 삼아주겠네.
자네가 훌륭한 경찰이듯이, 훌륭한 시인으로서도
멋지게 해 낼걸세.
자네는 시를 써 낼 수 있을거라고 ,확신하네.

그가 말했다.-

그렇다면 코코낫*을 가져올까요.
매듭**을 묶어 두는 것은 어떨런지……..

-아니오, 아니오,

매듭이나 코코낫 이 모두 쓸데없는 짓이요!
나는 자네를 제자로 받아들이기로 하였으니까.

---

* 코코낫 *을 가져올까요
** 매듭을 묶어 두는 것 : 인도 관습에 따르면 어떤 새로운 일을 시작할 때 코코낫을 깨뜨리거나, 매듭을 묶어 그 관계를 견고하게 만든다는 의미로 코코넛, 매듭을 이용하여 시작할 때 행하는 관습이라 한다.

무엇이든 네게 보이는 것을 쓰도록 해-바로 이것이 중요한 것이지.
네가 원하는 것 어느 것 이라도 자유롭게 쓰면 되는거야!
그러나 즐거움이 충만한 시선을 지녀야만 해!

이와 같이 나는 그를 제자로삼기로 약속했고,
다음날 그는 다시 왔다.
내가 물었다 . -

까르따르!
이번에는 무엇을 써 가지고 왔지 ?

그가 말했다.-

구루지, 정말로 믿을 수 없는 일이 일어 났어요..
어떤 사람이 살해당했어요.

내가 물었다 -

누구에 의해서 살해 되었는가?

그가 말했다.-

신의 축복으로…?? 라고나 말해야 할까요 !
좌우지간에 매일 일어나는 살인행위가 보편화 되다 보니
'누군가에게 살해 되었다' 라고 하는일이 놀라운 일이 아니에요!.
그러나 이러한 살해가 자행되는 쳇바퀴속에서…
저는 시를 쓸 자료를 얻게 되었으니,
이것이야말로 '행운' 이라 해야겠지요!
새로 만들어 온 저의 시를 들어 보시겠어요?___
경찰관이 곤봉으로 죄인들을 때리는일을 자신의 임무로
끝내자마자 , 마치 그는 잠시 안도감에 젖은 듯 했다.
그 사무관이 나를 불렀을 그 때,
시체가 문 위에 놓여있는 것을 보고,
' 누군가가 살해되었다 . 빨리 와라' 라고
내가 말했다.

시체에는 에이치.엠.티(H.M.T)* 손목시계가,
목에는 골드체인의 목걸이도 걸고 있었지요.
어떤 로프 자욱같은 흔적이 목에 표시되어 있음에,
구루지, 목에는 금사슬 목걸이와 로프의 흔적이 나 있었는데….
그는 등 뒤에서 네번이나 칼에 찔렸어요.
살인자 또한 뭔가 지혜가 꽤 있었던가봐요.
그는 증거가 될 한 점의 의혹도 남기지 않았어요.
그럼에도 사진기자들은 수도 없이 셔터를 눌러대었고,
나도 그 자리에 있었는데, 사진속에 제가 나와 버렸어요.
내일 기자에게 가서 사진 복사본을 가져올께요…그리고
사진 속에 시체는 오려내고, 나만을 액자로 만들어 놓을겁니다.
그리고나서, 우리는 미리 지문을 찍었는데, …
지문 채취자는 늦게서야 도착하고 말았어요.
우리는 앰블란스에 시체를 다시 내던져버렸어요.
나도 뒤쪽 부분에 앉아 그 사건을 볼 기회가 있었어요.
나는 그곳에서 벤치를 발견하고, 거기에 앉아,
이 시를 썼어요.
구루지, 들어보세요!

나는 침묵했다.

내가 묻기를 –
살해되었던 그 사람은 누구였지?

그가 말했다. –
누군가 였을겁니다.
이 모든것을 사무관은 후에 알게 되었겠지요.

---

* 에이치.엠.티(H.M.T) 손목시계 : 인도에 손목시계 상표이름.

내가 말하기를, —

너는 곧 여기에서
그 사무관과 같이 나가 죽어라!
이것을 시라고 쓴 것이란 말야 ?
또는 시를 화장 시켜버리겠다는거야?

그가 말했다. —

구루지, 제가 보았던 것 ,
바로 그것을 썼는데요. ..

나는 화가 났다. —

너는 네가 목격한 살인, 살해등
바로 이러한 것들을…..
너의 집에서나,
이웃에서,
사회에서 조차볼 수 없는 사실들을,
왜, 무엇때문에
이것을 여태껏 토픽으로 다루어 쓰지 않았지?

그는 되돌아 갔다.
그러나 다음 번에 그는 다시 뭔가 매우 울적한 모습으로 나타났다.
내가 묻기를 —

까르따르 ! 무슨 일이 있었던거야?

말했다. 그가 —

이번에는 집에서 썼어요.
제목은요 — '언제나'

들어보세요 –

언제나 나이드신 어머니의 약값.
나의 월급이 거의 다 지출될 정도의
비싼 음식 아이템들과 같고…

언제나
나의 딸은 자신의 스래뜨를
사 달라고 징징거리고 있고,….

언제나 , 나는 짬빠(아내)의 옷가지를 사줄 형편이 못되고….
언제나, 집 주인은 경찰인 나를 두려워하지도 않은 채…,
언제나, 식료품상 주인은 가차없이 돈을 달라하고,
언제나 유니폼은 깨끗이 빨아 놓아져 있어야만하고,
언제나 윤이 나게 닦아 놓여져 있어야만 하는 구두…
그러나 울적한 나의 얼굴은
결코 행복함으로 빛나지 않아….
온 집안에 걸려있는 무수한 문제들의 가지들로….

나의 딸이 스래뜨 때문에 징징거리고, 언제나….
언제나 짬빠(아내)의 옷가지를 사줄 형편이 못되고….
언제나.

내가 말했다.-

와우! 잘했어, 까르따르!
축하하네! 정말로 , 자네가 해 내었네!
이번에는 시를 써서 들려주었네, 그려!
이제 나는
구루와 제자라는 우리의 관계는 잊고싶네…
자네 발이 어디 쯤에 와 있는가… 만져보고싶네.

이리 오게나,가까이로,..
그리고 이것은 진심일세, 까르따르!
나의 친구-나의 동료여,
시를 창작한다는 것은 그저 생각나는대로
끄적거리는 것이 아닐세!
인간의 어려움이나, 그 시대의 아픔,
개인의 고통만이 아닌 , 현실의
그 어떤 것도 시의 소재가 될 수
있다는 걸세!

두려움에 소리친 것으로 오해하다.

어느 날 꾸슈라 바이,
식료품상에 왔다.
바로 그 때, 뒤이어
거구의 청년 두명이,
거의 동시에 들어 왔다.

얼마 후에 갑자기,
가게에서 도망쳐 나온 그들 둘을
시장 상인들이 몽둥이로 때려 눕혀 버렸다.
꾸슈라 바이가
두려움에 놀라 소리치고 말았다.
상인들은 못된 두 놈들을 놓쳤다가 ,
눈 앞에 나타나자,
있는 힘을 다해서 잡아 버렸다.
그들이 총, 칼등을 몸에 지니고 있음에,
그들이 강도였음을 알아차리게 되었다.
그러나 바로 이 순간에,
상인들이 경찰에게 죄인이 있다고
경찰을 불렀더니… 경찰 또한
몹시 심하게 그들을 때렸다.

누군가가 꾸슈라에게 물었다-

꾸슈라 바이!

이들이 강도들 이라는 것을 어떻게 알게 되었데요?

꾸슈라가 말하기를-

도데체 제가 어떻게 알겠어요?

-그들이 당신을

두렵게 하였습니까?

-아니오,

그들중에 어느 누구도

나의 근처에는 오지도 않았는데요.

-죄송합니다만…꾸슈라 바이,

그런데 , 당신은

왜 소리를 질렀는데요?

사실 당신의 목소리가

매우 소스라친듯 들렸거든요.!

-그랬군요!

그러나 저는 가게주인한테

너무 오른 밀가루 가격에,

깜짝 놀라 소리를 쳤던 것이었는데요….

이야기

"간와이" 라 불리는 시골에
어느 순진 무구하고, 배움의 기회를 갖지 못한 여인이
갑자기 미쳐 버리게 되었다는 어느 이야기입니다
들어보세요.

무언가 그와 같은 일이 일어났던
어느 오후에, 우체부가 편지를 가져왔다.
글을 모르는 이 여인은
바로 그 우체부에게 읽어 달라 했다.
마음속으로 조용히 편지를 읽고나서
우체부가 물었다.-

이봐요, 아주머니!
당신의 남편은
군대에 가 있는 군인입니까?

그녀가 말하기를 - 네,그래요!

-3년 전에 결혼했나요?

그녀가 말하기를 - 네,그래요!

-결혼한 이후 꼭 2달 만에 군대에 불려갔나요 ?

그녀가 말하기를 - 네,그래요!

-그리고 그때부터 그는,
지금까지 한번도 오지 않았나요?
　　그녀가 말하기를 - 네,그래요!

-그렇다면 들어봐,
이 편지에 당신의 군인 남편이
'오늘 저녁까지 기차로 돌아 오려고 한다' 고
쓰여있어요.

이 소식을 듣고서
여인은 뛸듯이 기뻐, 춤추기 시작했다.
그리고,그 편지를 낚아채고는…
전혀 읽고,쓰지도 못하는 여인이랄지라도
자신의 손가락으로 쓰여진
단어 ,하나 하나를 짚어 가며,
말하기 시작하였다 .

기뻐서 울기 시작했다.
때때로-
정말 미친 사람같이 되기도 하였다
때론 이쪽으로 달려갔다가,
때론 저쪽으로 달려가….미친듯이날뛰고,
때론 잠자는듯이 멈추었다가,
잠에서 깨어 미친듯이 뛰어다니기도하고……

이 소식을 누구-누구에게 말해야 하지 ??
아무도 알수 없을거야…

-아냐,아냐
이 소식을 어느 누구에게도 말하지 않을테야.
내가 만일 누군가에게 말을 한다면,
그를 나에게 오지 못하도록,
누군가가 숨겨 놓을지도 모르잖아.
나는 문을 잠궈 놓고서 ,단지
이 방안에서만 그를 행복하게 해줄테야.
그에게 맛있는 음식을 만들어서
내 손으로 직접 먹여 줄테야.
나는 그가 늘 시원하게 , 선풍기를 틀어줄테고,
직접 물도 먹여 줄테야…..

오! 신이시여 ,
그중에서도 가장
그가 좋아 할 것이 무엇인지요?
무엇을 만들어주어야 할런지요?
무엇을 먹여 주어야 할런지요?
무엇을 마시게 해 드릴까요 ?
무엇을 마시게 해 드릴까 라니 !
오호…..웁스,…..
이 얼마나 기막힌 일인가,
사실 가장 좋아하는
마실 것은 술 인데 말야…..
술을 마시게 하지 못하게 할지라도,
그는 매일 저녁 술을 사왔고,
또 하루도 빠짐없이 마셔대곤 했지.
그러나 이제는 그를 잘 다루어야만 해.
그래서 나는 하루, 이틀동안 참견하지않고,
그에게 마셔라, 마시지 말라등. 어떠한
말도 안하고 내버려둘테야.

그러나 ,어떻게 내가 사와야 할런지…?
이와 같은 술을 도데체 누구에게 부탁해야하나?
바로 그때 남편이 많이 마시지 않기 위해서
어딘가에 술 1병을 숨겨두었던 가억이 났다.
그는 나무 근처에 땅을 파고 ,
그 아래에다 술을 숨겨놓곤 했다.
그때, 그녀는 그곳으로 쏜살같이
달려나가 술병을 밖으로 꺼내어 가져왔다.
그리고 멋들어지게 그를 맞이 할 준비를 위해,
식탁보를 펴놓고, 탁자에 술병과 함께
유리잔을 놓아 멋지게 장식하였다.
그리고나서 남편이 오기를 기다리며,
그 초조함속에서 – 언젠가 남편이 그녀에게
술을 마시라고 권했던 기억이 났다.
나는 말하기를-'싫어요' 라고 거절했다.
그때 남편은 거의 강제적으로
술잔을 입술에 갖다 대었다. 나는,
피하느라고, 그 당시엔 술잔을 깨버리게 된 일이 …..
이때 그녀의 남편이 미끄러지게 되었고, 그녀 또한…
이러한 일이 있었지만….
그녀는 어찌되었든지 이일을 후회하고 있었다
그러나, 오늘은 그가 술을 권하고,
술 마시기를 원한다면,
그가 원하는 대로
함께 술도 마시고 , 그를 흡족하게 해주리라.

그리고 말하리라 –
내가 당신이 원하는 것을 모두 해주었으니-
오늘 이후로 앞으로는 ,
제발 술을 사오지 마세요.
남편은 사랑으로 나의 제안을 받아들일 것이고,
아마도 이후로는 결코 다시 사들고 오지않을거야….

그리고 독자들이여!
그녀는 술잔을 탁자위에 하나 더
놓아 두었다…

바로 그날은
매우 더디게 멈칫-멈칫하면서 저녁이 다가오는 듯,….
그녀의 심장은 두근거리기 시작하였다.
심장은 벌떡 벌떡 뛰었고,
드디어 기차는 도착했다.
그리고 호르라기 소리가 들리자 마자,
마침 그때 그 여인은 딱, 한 가지의 생각이 떠오르고,
내심 걱정이 되기 시작하였다.

아이고, 어쩌나!
남편은 술을 마실 때 항상
얼음과 함께 술을 들곤 했는데….
그의 술 버릇이 떠올랐다.
그런데, 지금 누구에게 얼음을 사다 달라고 부탁하지?

아니야, 직접가서 사 와야만 해. 내가…
그녀는 기다란 숄을 둘러 쓰고서,
얼음을 사러 달려 나갔다.
그러나 한편 집에서는 다른 어떤 일이, …
무어라고 해야할까!
정반대의 일이 벌어지고 말았으니,….
뒤이어 군인,곧 남편이 집에 도착하였다.
그때, 문들은 활짝 열려 있었고,
두 사람의 술잔과 술병이 놓여 있었다.
그것을 보고, 소심한 남편이 생각하기를 –
그가 없는 사이에 아내가 누군가와 희희덕거리고
있었을 행동을 상상하였고, 오해를 한 나머지
마음이 상해 그 길로 곧장 집을 나와 버리고 말았다.

한편 여인은 얼음을 사 가지고 돌아와 보니,
이내 남편이 왔다 간 흔적을,
그의 구두 발자욱으로 알아 채렸다.
그러나 그녀는 왜 남편이 왔다가,
그냥 되돌아 갔는지를 … 도저히
이해할 수가 없었다.

여러 나의 독자들이여,
이야기는 이제 끝이 났다네!…
여러분들은 이 이야기에 무슨 의미를
부여할 수 있다고 하겠습니까?

이 이야기는 부질없는 것이지요.
아무런 의미도, 흥미거리도 되지 못하는것이지요.
그러므로 이봐요, 나의 독자들이여,
지금까지 이들의 모든 이야기를
전부 들려주었으니,….이야기를 들은 후,
만일 어느 누구라도 골목이나 도로,
혹은 동네, 시장에서라도 군인인, 바로 그 남편을
혹시 만나게 된다면….이렇게 말해 주시기를,제발….
그에게 아내에 관한 진실을…….
'당신의 아내는 왔다 간 당신의 발자욱을
쓰다듬으며, 눈물짓고 있노라고, 지금까지도….'
그녀는 언젠가는 당신이 다시 돌아올것이라는
희망을 가슴깊이 간직하고 있고, 아직도… 라고 말입니다.

어느 누구라도 그를 만나게 된다면,
'그에게 얼른 집으로 돌아 가라고…
당신의 아내는
매우 고매하고, 숭고한 여인으로,
갠지스강(Ganges)* 보다 훨씬 더 깨끗하고,
성스러움을 지녔노라고…..'
그의 아내에 대해 말해 주시기를, 제발………

---

* 갠지스강(Ganges) : 갠지스강은 인도에서 인도인들에게 가장 성스러움(Holy) 의 상징으로 나타내어지곤한다.시인 아쇼끄지는 여기에서 여인의 품행과 됨됨이 모두를 갠지스강(Ganges) 과 비교하였다.

오직 답은 "하나"(unity)

누군가가 말하였다 -

만일 당신이
올바른 의식과 판단을 지닌 사람 이라면,
어떠한 질문에서라도
답은 오직 하나 뿐이라고,
누구나가 그렇게 말할 수 있을까?

하나에다 하나를 더하면,
보통 사람들은 둘(2)이 된다고 합니다.

하나에다 하나를 더하면,
장사꾼들은 셋(3)이 된다고 합니다.

하나에다 하나를 더하면,
강직하고 믿음이좋은 사람들은
열하나(11)가 된다고 합니다.

그러나
하나에다 하나를 더하면,
항상 하나(1) 가 된다고 하는 사람들은
사랑을 나누는 연인들 이라고 합디다.….

나는 말하였다.-

당신은 뇌(brain)라고 하는 팬(pan)에
의식과 판단을 요리하여 놓아두고,

거기에다 어휘들에 크림과함께 그 의미를 양념해서,
첨가시켜 놓게되면…..
나 역시도,
사랑을 나누는 연인들과 같이,
어떠한 질문에서라도
답은 오직 '하나' 이다. 라고…..
'하나' 가 뜻하는 그 의미는,
사람간의 통합(unity),
우애(brotherfood),
사랑 (love),
관용성 (generousity) .

왜냐하면,
우리가 항상 말해 왔듯이 -
우리가 말하는 -통합(unity)

" 우리의 인도, 전 세계에서 하나뿐인,
조국 인도여! *

---

* 여기에서 시인 아쇼끄(Ashok)는 다른 많은 사람들의 견해를 수용하면서, 진정한 인간이 추구하고, 지향해야 할 인도인들의 의식이 통합(unity)을 전제로 한, 인간의 화합, 사랑, 우애, 관용성등을 덕목으로 삼아야 한다는 것을 말하고 자 했다. 그러한 인도, 인도인들은 찬사를 받을만 한 하며,다양성속에서의 통합(unity)을 실천하는 유일한 민족으로서의 그 가치를 발휘할 수 있다고 보았다. 그러므로 시인 스스로도 사랑을 나누는 연인들의 사고와 같이 하나에다 하나를 더하면 하나가 된다. 즉 통합(unity)의 의미를 인도인들의 의식속에 연인들의 사고로 비유하여 '다양성속에서의 통합(unity)'을 고취시키고 자 하였다.

찌누(chinu)의 자존심

나의 친구, 수디르 때랑그(Sudhir Tailang)는
그림 그리기에 혼신을 다하고 있는 중이었는데….

바로 그때, 그의 철없고, 천방지축인
어린 딸인 찌누(chinu)가 말했다-

밖에 산책하러 나가자고….

수디르는 몇가지 핑계를 댈 생각을 하던 중에,
그의 어린 딸의 고집스런 조름에 못 이겨…
결국 아무 일도 하지 못하게 되어버리고,

빠빠 ,가자,가자,가자 !!
지금 빨리 가자구! 빨리!!
정말로 바로 지금 가자, 가자, 가자, !!!

지금 빠빠는 뭐 하고 있는데 ?
그림 그리고 있잖아…라고 말한다.-
헤이, 찌누 찌니 찌노!
가자, 내 딸,찌누!
먼저 신발을 신어라!
찌누는 방으로 들어 가
신발을 가져와,
신기 시작한다.

그리고 오른발에 왼쪽 신을,
왼 발에 오른쪽 신을,
반대로 신었다.

수디르는 그림 그리기를 멈추었다.
그리고 바로 찌누에게 말하기를-

나는 이제 컸어요.
커졌지요.
너는 항상 커졌다고 말했지….
그러나 항상 신발은,
거꾸로만 신고 있네….
찌누, 너는
신발을 똑바로 신는것을 모르니?

빠빠의 말을 듣고서,
찌누의 자존심이 순간 일깨워져,
반대로 찌누가 묻기를-

빠빠, 신발을 어떻게
거꾸로 신는 줄 알아?

하 - 하-하-하-하

---

* 이 시는 천진난만한 어린 딸과 아버지와의 격의없는 장난스러움속에 사랑, 아버지로서의 딸을 바라보는 사랑을 느낄 수 있는 충만한 사랑의 장면이 엿보이는, 순박함이 담긴 사랑의 대화이다.

편히 맥주 한 잔 마실 날이 올까 ..?

언젠가는 어느 날엔 가는,
어떤 식으로 든 마음의 여유를 갖고
차디찬 맥주 한 병 마셔 보았으면….
하는 생각을 오래 전 부터 마음속에
늘 담아놓고 있던 중 이었다.

그러나 내 스스로 결심하기를 -
내가 여유롭게 맥주를 마시게 되는 날,
그날은 바로,
불에 타 죽는 여인들의 자살사건이
신문에 단 한 건이라도 나오지 않는 날 이어야만 한다고…

여보게! 바로 그런 날을 기다리느라고
수 개월이 지났다네, 그려!
물론 매일 매일 신문을 읽었지
많은 여인들이 불에 타 죽는 소식이
늘 눈에 띄곤 했지.
그러기에 내 맥주는 아직도 남아 있는걸세!

어떻게 해야 좋을까? 내가 어디론가 사라져버리는게… 더 낫지 않을까?
어떻게 이다지도 어리석고,
무지한 여인들을 설득시킨단 말인가! -

잔디, 풀처럼 매일 불 태워져 사라지는
바보,천치 같은 여인이 되면 불행이라고!

정말로 일주일에 한번은 아니라도,
적어도 한 달에 단 하루라도.
불 타 자살하는 뉴스들이
나오지 않아야….
내가 맥주 한 잔 이라도 마실 여유가
생길거요.

아이고, 무엇이 당신네들을 이렇게
망가뜨려 이 지경에 이르도록 하였는고!
만일 나를 위해서라도,
어느 날엔가… 그런 일이 없어지게 된다면.
단 하루 만 이라도….
그러나 이런 부탁이 이제와서 무슨 소용이고,
그네들에게….
그네가 이미 어둠 속에 있을 그때,
어떻게 내 말을 귀담아 들을 수 가 있을 까!

그들은 환한 불빛으로
그들은 무거운 연기와 함께,
그들은 매일 매일,
그들은 규칙적으로 불 타고 있다. ?.....

왜냐하면 그들은, 그들 스스로
다우리(Dowry) 돈 이나,
결혼할 때 가져가야 할 것들
때문이 아니다.

그네들이 스스로 불에 타지고 있는 것은
그녀의 남편이 다른 여자가 생겨서
그로 인한 문제가 원인이 된 것이다.

세번째로 그네들의 시어머니의 학대였다.
시어머니는 막대기나 빗자루로
그네들을 때리곤 했다는 것이다.

그네들 중에 어느 남편은
부인에게는 오지도 않고,
자신의 돈은 다른 여자에게 만
몽땅 주어서 사용케 한 것을 안 후,
여인 스스로 자살한 경우였다.
결국에는 돈 때문 만도 아니었고,
남편의 여자문제도 , 다른 사람이 연관된 그 무엇도
아니었다.
나는 그네들이 가진
고통의 상태를 충분히 인정하나,
그러나 바보들아!
고작 한다는 것이…

자살을 택해야만 했는지,
말해다오 , 나에게 .

아이고 ! 그네들이 직면한
모든 상황에서의 싸움…
그네들은 그 문제들에
이미 익숙해져 있으니,
만약 시어머니가 당신을 때리면,
당신이 음식에 독약을 탈 수도 있겠지..
당신이 클로로펌과 함께
장미를 남편에게 주었을 때
그는 무의식 상태가 되어 있을 걸…
그가 다른 여자와 만나러 갔다면,
당신도 어디론가 가 버릴 수 있겠지….
그때 그는,
충동적으로 자살하고 싶은 상태가 될거야.

적어도,
무슨일, 어떠한 경우에서든
스스로 죽음을 선택해서는 안돼.
언젠가… 그 날이 오면 나는 여유롭게
어찌되었든지 기필코
맥주를 마실텐데 !

우리나라에서는

법이란 상당히 융통성이 있지.
여기에서 살인은 자살이라고
쉽게 그렇게 여기면 되는거야.
그리고 내가 더욱 더 놀란 것은
모든 스토브들과 버너들을
며느리가 가지고 있는 것을 아는 만큼은
결코 시어머니가 불에 타게 하지는 못할 걸…..

이런 사실에 경찰은 아무런
도움도 주지 못한 채,
모든 상황이 끝났을 때야 그곳에 오게 된다.
경찰에게 –
제가 충고 한마디 드리고 싶은데요….
모두 새로 결혼하는 커플들에 관하여,
경찰관은 하나-하나씩을 1년 내내
지적해 주시기를…. 그렇게 해서
가정 관계에 대한 리포트를 쓸 수 있도록….
물론 그 리포트에 해당되는 이는
제한된 소수만에 해당될 것이다.
그래서 그는 다른 관점에서 커플을 관찰하고
허락하게 될 것이다.
싸우든지 사랑하든지 –
남편과 아내 둘 중에서 어느 쪽이
진실을 말하게 될 것인지는…,
자살 또는 살인을 하게 될런지는

직접 증명해 보일 수 있기 때문이리라.
그러나 아냐, 그게 아니야.
용서해주시지요.
지금껏 제가 한 말, 제가 낸 아이디어를
되돌려 드릴께요.

아이고, 나도 ..마찬가지나,
내가 아이디어 제공자잖아!
도데체 경찰에게는 어떤
믿음이라도 있다고 말할 수 있다는거냐?

경찰은 새로 결혼한 커플들을 위협할테고 ,
그들에게 '이만큼의 돈을…' 하고 요구하겠지..
그러나- 리포트에는 ….
커플사이의 싸움으로 인한 것 이라고…

그러므로, 무지한 여인들이여 !
이런 말을 경찰에게 말하고 싶지는 않고,
내가 그네들에게 직접 말하거니-
그네들이 불 타는 것을 도저히 참을 수 없도다.-
아이고, 언젠가 단 하루 만 이라도,
나를 그렇게 살게 내버려 두어라!
제발 , 그 날 만큼은
차디 찬 맥주 한 병을 편히 마시게 !

어느 돈 많고 몹시 이기적인 부자가
있었다네.
우리와는 이웃 이었건만, 전혀 왕래가
없는 사이였다네.
그는 내가 안티 다우리 (Anti Dowry system)
였다는 것을 잘 알고 있었으나,
아직도, 그의 아들을 결혼 시킬 때,
많은 다우리(Dowry)를 요구하였다고 해.
언젠가 그 소식을 듣고, 난 도저히
참을 수 없었어.
그의 며느리도 캐로신 오일(Carosine-oil)에
불 타 죽었다고 해.

나는 상당한 쇼크를 받고, 생각했지 –
그녀가 불 타 죽지 않을 것이라고 기대 했었기에…
내일은 맥주를 마실 수 있으리라 –
그러나 그녀는 죽었고,
내일 신문에 뉴스거리로 나올거야.
그러면, 나는 맥주 마시기 위해 또,
기다려야 만 해.

그러나 놀랄만한 일이 !
다음 날
아침 일찌기 이웃에 사는
이기적인 부자가

문을 두드리고 미소 지으며 말하기를 –
아쇼크씨, 이거 받으세요 !
맥주 한 병 드리려구요…
오늘 신문에 내 며느리에 관해
아무런 뉴스도 나오지 않거든요 !

내가 말하기를-
어떻게 그럴 수가 있는거요?
그 기사가 오늘 신문에 안 나온다니요?

그가 말했다-
그래요! 오늘 신문에 말입니다!
내 며느리의 자살 건은
뉴스가 아니거든요,
그건 비밀이니까……
와! 거대한 조국, 인도여,
내 나라의 신문들이여 !
그렇다면,
이런 식으로 은폐시킨 진실을 알고서,
나에게 맥주를 마시라고 할 수 있겠는가!

얼마동안…..
나는 부자 이웃을 혼 내 주어야만
하겠다는 생각을하면서,
내가 맥주 병에 캐로진 오일(Carosine oil)로,

나도 그 자에게 오일을 뿌려

불 태워 스파크를 내 볼까? …

마시지 않을거야,

절대로.

나는 맥주를 마시지 않을거야.

한 모금의 맥주도…

절대로

마시지 않을테야.

그리고 이제 맥주는

아마도 바로 그날이 되어야 배로 들어가게 되겠지.

그날, 바로 그 날.

여인들이 분신자살에서

해방 되는 날 , 그날이 될꺼야.

바로 그 날은

여인들이 죽음으로부터 구해지는 날.

---

* 이 시는 인도사회의 '다우리시스템(Dowry System)'이라는 제도를 비판한 시이다.
  실제로 인도에서 '다우리제도' 는 신부의 부모가 신랑쪽에 많은 지참금을 주어야 하는 제도를 말한다.그러나 만약 약속 하에 이루어진 결혼에서 '다우리'에 관한 약속이 지켜지지 않으면, 누군가를 시켜 뇌물을 주고 며느리를 청부살해 시키거나 , 신부의 부모에게 돈을 끝까지 요구하여 받아내고야 만다. 그 후 신부는 그 스트레스로 분신자살을 기도하기도한다 . 또한 신부의 부모들은 그제서야 '다우리 돈'에서 해방되어 자유롭게 살게된다.
  여기에서 시인은 단 하루라도 여인들의 죽음에 관한 뉴스를 보지도, 듣지도 못한다면, 편히 그 날은 맥주를 마실 수있다고 하면서…
  인도에서의 이러한 제도는 아직도 바뀌지 않고 있다라고 비판하고 있다.
* 신문사 편집장에게 뇌물을 먹여 자신의 며느리의 기사(죽음)가 나오지 않게 한 위대한 조국 인도, 우리나라…. 라고 한탄하며, 인도사회의 또 다른 부폐상을 폭로하고 있다.

보수적인 질문

때때로 아이들도
매우 보수적인 질문을 한다.
스네하(Sneha) 의 한 마디는
곤히 자던 잠을 깨워버렸다.

스네하가 묻기를-
1984년 폭동에 관하여,
그때 지역마다, 곳곳에서
대량학살이 일어났다.

아빠,
우리는 힌두야?
아니면 사르다르야 ? (시크교를 믿는 사람들)

---

* 인도에서 1984년에 인디라 간디가 시크교도인 경호원에게 저격을 당했다. 이 사건을 계기로 힌두들은 그 당시 시크들을 죽였고, 보이는대로… 시크 역시 힌두를 피해 도주하면서, 함께 갈등으로 번지게 된 사건이 있었다.

애 어른

골목 길들은 골목이 만나서 골목길이 된다.
골목들만이 골목 길이다.
골목길들은 실제로 골목길이다,
골목 길에는 특유의 향내가 난다.
모두 이것은 하나의 세계.

골목은 꾸란*을 창제한 사람이,
골목은 '하낌 지,와 같은 의사가 ,
골목은 '수르크뽀샨' 길에
골목은 무슬림 승려가,
골목은 무슬림 댄서 '까심잔' 이,
골목은 잡지장수가
골목은 고통받는 자가,
골목은 꽃장수로,
골목은 당나귀 파는 장수로,
골목은 '하누만'** 신이,
골목에는 염소장수가,
여름이, 겨울이
골목에는 가을이 오네.

---

* 꾸란: 이슬람교의 경전
** 하누만 (Hanuman): 인도의 2대 고대서사시중 라마야나(Ramayana) 에 등장하는 원숭이로 그는 주인공 람을 돕고 지혜를 펼치는 하누만신으로널리 알려져 있다.

골목들만이 골목 길이다.
골목길들은 실제로 골목길이다,
골목 길에는 특유의 향내가 난다.
모두 이것은 하나의 세계.

이 골목을 버티게 한
보름달은 가 버렸으나,..
그 골목에서 다른 골목이 만났고 ,
그 골목은 이 골목과 입 맞추듯 마주 서 있다.
이 골목은 그 골목의 귀를 잡아 당겨서,
세번째—골목은 네번째 골목이 있는 연못으로 ,
손을 휘저었다.
다섯번째는 첫번째의 그득하게 찬 배때기
두드리는 소리를 듣네.
이 골목은 다음 골목으로 들어가는
무릎끓는 아픔을 완전히 없애주었네.
그리고 마음을 다 잡고, 이마에 입맞춤으로
멀리 떠나 갔던 그들에게 손을 내밀었으니…
많고 더 많은 골목길들 에서 보다 ,
시장에서 세일로 디스카운트 해주는 가게들이
곳곳에 배치되어 있다.

그렇다면 골목들에
머리, 이마 목, 손 발, 배,가 마주 닿아져
빗자루들이, 지붕들로 이어지네.

창문이 있고, 맨션이 있네,
아란 (Alan) , 와란 (Walan) , 마람 (Malan),등.. 여자친구가 있다.
나하르 칸의 빗자루가, 빤디지의 빗자루
나흐리얀의 빗자루, 빠띠 람의 빗자루
'마쉬루아나'가 가꾸는 꽃밭,
'불불카나' 가 가꾸는 꽃밭.
지붕은 쥐엄마가,
교차로는 배람 칸이
궁전은 하이다르 꿀리.
돌 깨는 사람, 빨간 우물
방가쉬, 샤흐간즈의 방
따파주르의 창문,
디쁘띠 술탄의 대문, 쇠르 아프간의 베란다.
팔찌장수,
발찌장수도,
수놓는 사람도,
바구니장수도 있다.
골목에는 꽃 장수가,
골목에는 별이…

골목들만이 골목 길이다.
골목길들은 실제로 골목길이다,
골목 길에는 특유의 향내가 난다.
모두 이것은 하나의 세계.

골목안에는 아이들이..
아이들은 아이들일 뿐.
아이들은 실제로 아이들이지.
아이들은 나누고, 나누어도 아이들.
소위 아이들을 자른다고 해도 아이들일 뿐.
왜 이들을 아이들이라고 하는가 !
이 청년들은 아이들이다.
이 노인들도 아이들이지.
삶의 향내
이 냄새는 향내가 아니다.
삶의 쓰레기, 먼지.
삶의 빗자루들.
이 청년들은 아이들이다.
이 노인들도 아이들이지.
책 엮는 이 , 공장 노동자
농삿일, 팔찌장수,
과일장수, 트럭운전수,
구두닦이. 마사지하는 이
수 놓는 이. 재봉사, 이발사
마차끄는 이, 채소장수,
실내장식가, 또는 정크 딜러.
미타이위에 실버로 장식하는 이,
빵 만드는 이.

잉크보이 아이들,

페이퍼 보이 아이들,
이들이 릭샤를 몬다.
하루종일 집안 일에서 헤어나지 못하고…..
아주 두꺼운 책들 위에,
7개의 볼륨의 부분으로 나누어진 이야기 위에,
역사,지리,음악,꾸란에 수학, 과학 과목등..
모든 과목을 묶어 더욱 더 그 양이 늘어나게 된다.
하루종일 열심히 공부한 후 무엇을 얻을 수 있지?
아침부터 저녁까지 종이를 뒤척여 보고,
이것이 바로 삶의 마지막 뒤척임.
이것이 바로 지나간 과거에 있었던 일로 인해 얻은 교훈.
이것이 바로 미래와의 연결이다.

그리고 리토그래프 위에 있는 그것.
이들, 그들의 말을 전하는 전달자로다.
붉고-푸른 색깔들 속에서,
포스터를 끄집어낸다.
그 스스로 붉고-푸른 잉크로 씻어
다시 포스터를 만들어 놓았다.
당신은 때때로
이 포스터를 읽어 보았는지?
잘라진 아이들, 오려진 아이들.
부딪친 아이들, 뭉개져 버린 아이들.
감싸안긴 아이들,
더 늘어나 지고 있는 아이들,

참아내고 있는 아이들.
이 모든 상황에도 불구하고도,
그들, 아이들은
울지 않는다. 그러나 일만 한다.
졸린 눈을 부비며 잠을 쫒는다.
그러나,
그들에겐 부드러운 꽃과 같은 것이 없다.
어쩔수 없지만…
그들에겐 알록달록한 꿈도 없다.
어쩔 수 없지만….
그들에겐 다른 사람들을 향한 책임감 만 있을 뿐,
자신에 대한 책임감은 아무런 관심도 없는 듯,.
어쩔 도리가 없겠지..

그들에겐,
뛰어 놀 마당이 없다.
단지 공장과 창고만이 있을 뿐이다.
장난감과 머리에 써 볼 모자가 한 개도 없다.
열심히 일해서 얻은 로띠,
몇 장만이 남아 있을 뿐..
그는 아버지를 위해
기침약을 사온다.
이틀동안 번 돈으로 누이의 '두빠따'*를 산다.
그는 남은 3빼사로 로띠를 집을 때 ,

---

* 두빠따(Dupata): 여자아이들이 머리에 두르는 스카프종류를 말한다.

할머니 손이 뜨거워질까…집게를 산다.
장난감은 감히 생각지도 못한다.

윤리적인 교육,
조국을 위해,
이 곡식을….모두 다.

구해주어라 !
모두 무너지기 전에 ,..
그리고, 시간이 지나기 전에 끝을 내라!

이 어른을-
아이로 만들어 주도록 해라.!

---

* 인도에서 가장 현명하고 지혜로운 아이들은 자마 마스지드(Jama Msjid), 올드 델리 골목에 산다고 하는 말들을 한다. 그 골목을 잘 파악하고 나서는 찾을 수 있으나, 이 지역의 지리를 알기 위해 누군가에게 제대로 배우지 않고서는 그 골목에 무엇이 어디에 있는가를 아는 것은 거의 불가능하다고 할 수 있겠다. 그래서 여기에 대한 아이들에 관한 속담이 있다, "이 아이들은 낳자마자 골목으로 빠져 나온다고"….한다. 복잡한 골목에서 사는 그들의 생활을 위해서는 학교에서 복잡한 골목 길에 대해 가르쳐 주어야만 하고, 여러 가지 종류가 놓여있는 가게들에서 아이들은 그 가게 수 만큼의 경험 또한 하게 되는 듯 하기도 하나, 한편 그 밖에 다른 아이들은 그 아이들과 같이 많은 것을 알지 못하고 있다고 볼 수 있다.
책을 출판하는 한 친구가 말하기를 - '우리가 출판한 책들은 8살부터 80살 까지의 어린이를 위해 발행한 책이다' 라고 말했다.
출판하는 친구에게 내가 말하기를- '이보게, 친구! 우리나라에 만약 80세먹은 이가 있다면 , 8살 먹은 노인도 있겠구만'…! 이라고 말야 .
애 어른('부레 바쨔') 이라는 시의 시작은 여기에서부터 였다.

바부 무스디랄

바부 무스디랄의
가방속엔,
온통 버릴 것 뿐인 쓰레기더미로,
가득 채워진 채,
사무실에서 집으로 왔다.

그러나, 대문에 미처 발이 닿기도 전,
집안은 후끈 달아 오르는 뜨거운 사막이
너무도 길게 펼쳐져 있는듯,
몹시 갈증이 났고,
어떤 무덤에 귀신들이
버글거리는 듯하고,
바로 그의 머리위에는 도끼들이
꽂혀 있는듯, 무섭고 혼란스런
느낌이 들었다.
여긴 집,집이 아니야!
야만스런 동물들이
자유로이 어슬렁거리며
여기저기로 주린 배를 채우러,
먹이를 찾으러 다니는
위험한 동물원 같은 곳이야….
그는 집이 무서웠다.

그가 자신에게 악의에 찬 저주가 있었는지
꿈엔들 생각해 보았을까!
하나가 아닌, 둘도 아닌, 다섯명씩이나 되는 딸의 아버지 였으니,
운명이었고, 측은할 뿐인 ,그들
누렇게 뜬 모습
손은 누렇지 않았으나, 거의 쓰레기 같은 모습의-
첫째딸,
빨간 잉크로 자신의 손톱을 칠하고 있었다.
둘째딸도 원했다.
그렇게 하고 싶은 욕심이 난다고,
그러나 수줍어 망설이고 있다.
셋째딸,
어제 짜뜨니를,
내일을 위해 남겨두고
하루를 기다렸다.
넷째딸, 손으로 말라빠진 로띠를 만지작거리며
시끄러운 소리를 내고 있다.
그 짜뜨니를 위해,
그리고 다섯살배기,다섯 번째 딸.
왜 그렇게 울어대는지, 제 앙상한 뼈들이
춤을 추듯이 흔들거린다.
바부의 아내,
살아있는 송장과 같이
마치 죽음의 신이 그녀를 내려다보고 있듯이
병을 쇠약해져, 몸이 삭아버린 듯,

그러나 모든 힘은 혀속에 들어와 앉아,
무스디랄에게 벅벅 소리 질러대지만,
자신의 마음속의 말을 그래도
꾹꾹 눌러 억지로 참으며
딸들을 저주하고 있다.

그렇기 때문에, 집에 들어간다는 것은 -
무스디랄에게는 너무나 두려웠고,
집안에 발을 대는 그 순간
그의 온몸은 땀으로 흠뻑 젖게 되었다.
그래서 그가 집안에 들어왔을 때, 그는 사람,
또는 그 어떤 것에도 아무런 시선을 두지 않은 채,
곧장 침대로 와, 누워 버렸다.
아침에 사무실에 조금 늦게야 나갔을 때,
사무장은 그를 야단 쳤다.
사무실에 늦게 나온 것이 내게 야단치는 이유라면,
무엇때문에 아내에게는
야단을 치지 않는 것인가!
집에 들어 서자,
야유하는 말투로 무스디랄에게
깐죽거리며 투덜대었다. -
당신은 집에 오면 가정과는 무관한 것처럼
죽은 사람 같이 누워있는구려, 그래!
오늘도 야채를 사오지 않았으니… 허구 헌날

어떻게 짜뜨니*만으로만 먹으란 말이요?
아니면 먹지도, 마시지도 말란 말이요?
우리가 어떻게 연명해 가고 있는지를
어느 누가, 어떻게 알겠어요?
짜이**에 넣을 설탕도 바닥이 나 버렸고,
다 떨어진 내 브라우스는 더욱 더
허름해져 헤져 버린 거… 알고 나 계신지?
3년 내내 단 1벌로 버텨 온 사리***조차도,
낡아 빠져 버렸으나, 아직은 그래도 우린
살 형편이 안되니…그대로 입어야만 겠지요 !
우리 형편상 아직은 집안 사정에 신경써야지,
나 자신의 문제를 거론할 단계는 아니니까….!
그러나 제발 이 불쌍한 딸들을 위해 무언가를
생각 해 두어야 하잖겠수?
딸들에게 많은 문제점들이 날로
늘어만 가고 있는 거….아시잖우?
큰딸은 이제 나이가 너무 많아져,
지나가는 모든 이들을 쳐다보며
매우 우울해 하고 있어요.
둘째는 아직도 학교 등록금을 내지 못했고…
그리고 참, 내 아이고머니나!
또 한가지만 더 말 할께요…

---

* 짜뜨니(chatni,caTnaI): 인도인들의 음식종류에 따라 찍어 먹는 소스.
** 짜이(chai,caaya) : 인도인들의 기호식품인 인도식 홍차.
*** 사리(sari,saaD,I) : 전통적인 인도 여인들의 의상.

아직까지도 내 이빨이 너무 쑤셔고 아파,
나를 괴롭히고 있네요!
당신은 내 약을 사왔나요?
지금 듣고 있는거에요 ? 아니면…?
약을 사왔냐고 묻고 있었잖우?

사왔냐고요? ? ….

가엾은 무스디랄 무슨 말을 어떻게 말해야 만 좋을까?....
어찌되었든지 다만 몇마디 라도,…하긴 해야겠고….
그가 말하였다.-

이빨이 아프다고 말했소?
모든 고통을 이빨이 아픈 쪽으로 가게 만들어 놓았잖소.-
빚진 돈의 부담이 마치 이빨로 그 고통이 옮겨 간 듯,
병이란 병 모두 이빨로 그 고통이 옮겨 간 듯,
밀린 집세도 이빨로 그 고통이 옮겨간 듯,
등록금 미납한 그 부담도, 이빨로 그 고통이 옮겨 간 듯,
입에 풀칠 할 끼니…그 걱정도.이빨로 그 고통이 옮겨간 듯,
치솟는 물가상승도 .. 이빨로 그 고통이 옮겨간 듯,
공부시켜야 할 부모에의 책임감도 이빨로 그 고통이 옮겨가,
이러한 모든 것들의 원인이 나를 물어뜯고 있구려!....

-뭐라고 주절주절 떠들어대고 있는거요 ?
그만 둡시다!

오늘 가게주인이 당신을 보자고 합디다.
집 주인도 오늘 하루만에 두 번씩이나 왔다 갔어요.
이번에는 집세를 내겠노라고,
큰 소리를 쳐 두었는데…
집 주인은 우리 큰 딸을 노려 보고 있습디다.
바로 그 순간
"다음 달로 닥친 당신 조카 딸의
결혼선물로도 무엇인가 준비해야 할텐데…"라는
생각이 들자, 이미 집 주인과 한 약속을 지키기
힘들겠다는 생각에 ,그만 겁이 덜컥 들어….

-선물이라고?
지금 이 상황에서
끼니 조차 없어 걱정인 우리가…..
조카 딸 선물을 걱정하는 것이 제 정신이요?
당신은 내 마음을 왜 그렇게 아프게만 하는거요?
당신은 죽음의 신보다 더 나쁘구려!
나는 이미 죽었기때문에 ,
죽음에 대해 두려운 생각은 전혀 없소!
다만 어느 누구보다 당신이 더 두려울 뿐이오!

그러므로, 이와같은 식으로,
나의 독자들, 친구 여러분들!
나라를 이끌어 나아가는
위대한 정치 지도자들, 그들은

푹신푹신한 소파에 걸터 앉아,
고전음악을 듣고 있을,
그 시간일 때쯤이 되면….
우리에겐 어느 누구도 참견하지 못하는,
모든 이들에게 늘 익숙해져 있는
'집안싸움' 이라는 음악이 있다오.
그러나, 집안의 드라마가 절정에
도달하게 되면,
이 가엾은 무스디랄,
그는 마침내….
죽음을 맞이하게 되는구려!

그 연기와 똑 같은 그거말야….

가잘(ghazal)* 형태가
처음 나왔던 시기에,
가장 유행되었던 음악이
담긴 레코드판,
나도 매한디 하산(Mehandi Hasan)**
엘.피(L.P) 판을 구입했다.

축음기에 볼륨을
최대한 크게 올리고,
거실에 앉아 나는
가잘을 듣곤했다.
매한디 하산의 가잘을
너무나 좋아하는,난
하루에 스무 번씩 틀곤한다.-
연기가 나오고 있는
저기를 보게!
나의 몸과 마음
어느곳에서 일까?

나의 어린 아들도

---

* 가잘(ghazal) : 우루두(Urdu) 어로 매우 자유롭게 쓰는 시의 형식
** 매한디 하산(Mehandi Hasan) : 무갈시대 가잘형태로 쓴 가장 유명한 시인.

불명확한 목소리로
이 가잘을 중얼거리곤 하였다.
갑자기,
내 셔츠를
잡아당기면서 나의 아들이
연기다!....라고,
소리칠 줄을
어느 누가 알았겠는가!

나는 무엇인가 다른 것을 말한거겠지… 라고
생각했다.
그러나 그는 창문 밖에
어느집 굴뚝에서
나오는 연기를 ,나에게
가리키며 말했다.

그러한 일 이후,
나의 아들이-
삼튼, 삼튼,*
이 연기는
바로 여기서** 나오잖아! ……라고 말해,
우리 모두
그 의미를 알게되다.

---

* 가잘(ghazal)의 음악을 하루에도 20번씩 틀곤 하는 엄마의 가잘 엘.피판에서 묻는 의문의 답을 이 아들은 연기가 바로 저기에서!...라고 아주 명쾌하게 엄마에게 가리키고, 삼춘에게 말해주고 있다.
** 삼튼, 삼튼,
*** 여기셔: 어린 아이들의 어리광스런 말투의 표현이다.

거긴 동물원이 아니잖아….

나이 어린 딸
스네하가
어느 누구의, 어떤 말도
듣지 않은 채,
계속 '엉엉' 울어대고 있었다.
그 이전에 엄마에게
야단을 맞고서,
삼춘의 무릎에 앉아,
샴미 삼춘-
그래, 좋아 가자꾸나.
오늘 삼춘이 동물원을 구경시켜줄께…

스네하가 울음은 그치고,
다시 '끄억끄억' 흐느끼면서 말하기를-
아냐, 아냐,
거긴 동물원(찌리야갈, chiliyaghal)이 아니야,
거길 새장(곤쯔라, ghonchla) 이라 하던데?.....

---

* 어린 딸인 스네하는 동물원(찌리야갈,chiliyaghal) 새장(곤쯔라,ghonchla)라고 생각하고 말하는 것임을 표현했다.
이 시에서 시인 아쇼끄지는 어린 딸 스네하의 천진난만한 무지, 귀여움, 어리광스러움을 귀엽게 다루었다.

뚱뚱한 아내친구

나의 아내,
친구를 배웅하고 오는 길이라
말하길래,
나는 농담삼아
말했다.아내에게 -
" 당신 친구는
울퉁 불퉁한 축구 공 같구려.
예전보다 훨씬 더 뚱뚱해졌구려!
몸의 어느 곳,
어느 쪽이라 할 것 없이
얼마나 살이 쪘던지!
우후!...
보는것 자체가
정말로 겁이 날 정도야."

나의 아들, 안누가 갑자기
끼어들며 말하기를 _
엄마친구 말야,
생강*같은 모습이야!

---

* 생강의 모양이 어떤 방향으로든 제멋대로 자라나는 형태를 의미하고 있다.
아마도 아들인 안누의 눈에는 그러한 모습으로 보였든 것 같다.

정치 지도자의 사냥이야기

홀로 닫힌 사무실안에
지도자는
자신의 회전 의자에 앉아
방안을 왔다 갔다 돌아 다니고 있었다.
재미 있었다.
재미를 느끼자,
둥그런 원을 두 번째로
다시 그려 돌아 보았다.
그가 세 번째 원을 돌자 마자,
의자는 가속도가 붙었고
어떤 힘이 가해지지 않아도
네 번째, 다섯 번째로의
회전은 자발적으로 돌아갔다.
의자는 다시, 또 다시 시작하였고,
지도자는 동시에 그것을 즐기기 시작했다.
그때, 갑자기 용무로 인해
그의 개인 비서가
파일더미를 가지고
방에 들어 왔다.
그는 지도자가 선회하는 것을 보고
깜짝놀랐다.
지도자는 회전하는 것을 멈추려고 하였으나,

그러나 도저히 멈출 수가 없었다.

계속 회전하고 있는 도중에, 비서에게 물었다.-

무슨 일로,누구지 ?

개인 비서는 중얼중얼 얼버무렸다.-

사르(Sir), 당신 덕분에 ,저는…
개인적인 일로 바쁘신 것을
제가 어찌 알겠습니까 !
사르,저는 바보이고,
멍텅구리 당나귀같은 사람이에요.
저는 지금 나갈께요.
사르(Sir),회전을 계속 하시지요.

의자는 회전을 멈추었다.

그때 지도자가 말했다.-
거기 서 ,가지 마라!
무슨 일로 왔지? 말해 봐.

-사르(Sir),저희의 많은 작업들이

완성되었음으로,
당신의 사인을 받아야만 해서요.

너그러운 표정을 지으며 지도자가 말하기를-

이봐라!
많은 일들이 있지. 그러나
전부 다 완성해 놓을 수는 없겠지…
그래서 ,
그 일들 중에 몇몇은

다 끝내지지 않는것도 좋겠구만!
자, 그러니 오늘 우리
사냥게임을 즐겨보는게 어떻겠나?

사냥이라니….
사르(Sir), 어떤 종류의 사냥을 말씀하시는데요?

-사냥을 말하는걸세,
사냥이 뭔지 모르겠나?
어떻게 하는것인지…
아이고, 저런 얼간이 같으니라구!
사냥은 그냥 말 그대로
사냥이지 무어란 말인가!
쏘리(sorry), 사르(Sir)!
그러나, 어디로 사냥을 가실겁니까?
바로 이 사무실에서요?
매담(Madam) 스태오그래퍼(Stenographer)를
오시라고 할까요?

-아냐, 아냐, 여기에서 사냥을 하지는 않을거야.
사냥는 밖에서 하는 것만이 그 묘미가 있지 않은가!

-그렇다면, 사르(Sir), 어디로 가실런지요?
들판으로, 농장으로,….?
아니면 마을로, 가게들이 있는 곳으로…?
가난한 사람들이 살고 있는 그 빈민촌으로요…?

지도자가 말했다.-

나는 지금 사냥을 하러 가고 싶을 뿐이야.
우리가 사냥하러 가는 곳이
어느 곳이든 아무런 상관은 없어.

개인비서는 용기를 가지고 묻기를-

사르(Sir), 당신은 사냥을 해 본 경험이 많이
많으셨을테고, 그 묘미도 꽤 즐기셨을텐데요?

지도자가 빙그레 웃음지으며 말했다 .-이런 얼간이, 바보!

나는 내손으로 직접 잡아
한번도 죽여 본적은 없어.
그러나 항상 사냥놀이를
즐기고 있다네 , 그려!
누군가가 총을 쏴서
동물을 잡아 놓았기 때문에,
나는 그 고기만을 먹었을 뿐이야.

제 말씀을 들어 보세요, 사르(Sir),
도시에서 유능한 사냥꾼 두 명을
불러와서 지프(jeep) 에 태우고,
함께 쟝글로 향하다가, 숲에서
갑자기 늑대* 한 마리를 발견했어요.

-그때 지도자는 소리쳤다.-쏴라! 쏴라!

늑대는 이들 쪽으로 덮쳐 왔다.

---

* 늑대는 정치가인 지도자의 머리(brain)를 먹어 치운 후 , 비로소 정치가가 되었기 때문이다.

그때 다시 그는 소리 쳤다.-오호, 도망쳐라!
사냥꾼들은 독단적으로 총을 쐈다.
그러나 빗나가 버렸다.
이제 그들은 목표물을 잃어버리고 말았다.
늑대는 동굴 속으로 들어 가 버렸고,
사냥의 모든 묘미를 잃어 버리게 되었다.

사냥꾼들이 실망하여 말했다.-

지도자님, 당신이 이처럼
두려워서 소리치려고했다면,
왜 저희들을 부르셨나요?

지도자는 긴 연설문의 형식을 읽듯이-

친애하는 동료들이여!
참을성을 가져라!
늑대는 안에 있으니,
곧 밖으로 나올것이니라.

사냥꾼들이 말했다. -

와우, 좋은 생각입니다만....
늑대가 그렇게 빨리 밖으로 나올런지요….
밖으로 나온 후, 늑대는 사람을
그냥 놔 두겠습니까?
지도자님은 '기다려보자' ,라는 말씀이지요?

지도자가 말했다. -

그럼, 그렇고말고, '기다려보자' ,라는 거야.
나는 늑대를 두려워했어.
그러나 기다리는 것은 두렵지 않아.

지난 38년동안의 기다림이라는 바로 이것을…,
우리의 조국으로 부터 배우게 되었어.
기다려라, 기다려! 라는 것을.

그러나 우리의 동지여,
지도자는 오랫동안 기다릴 수 없을테고,
늑대는 나오지 않아 ,그는 조급해지고 말았어.-
지금쯤 , 시간이 꽤 많이 지나갔어…
아마 늑대는 잠자고 있을거야.
내가 늑대가 사는 동굴안에 나의 머리를 대고
호루라기를 불기 시작하는거야.
그러면 어떻게 해서든
늑대가 깨어나게 돼.

그렇다면 친구여,
그는 동굴안에 그의 머리를 집어 넣은 후에,
호루라기를 불기 시작했어
사냥꾼들이 미소짓기 시작했어.
갑자기 호루라기 소리가 멈추었어.
바로 그때 한 사냥꾼이 -
"지금 지도자님은 무엇을 하고 계실까"? 라고.
다른 사냥꾼에게 물었어.

다른 사냥꾼이 대답을 했어.-
늑대의 귀속에 대고,지금쯤….

속삭이고 있을거야. 라고

이러저러하는 가운데 시간은 거의 1시간이 지나가 버렸다.
1시간이 더 지났을 때 사냥꾼들이 웅성거렸다.-

오래전 부터 동굴을 지켜보고 있었지만-
뭔가 이상한 일이 벌어진 것 같지 않나!

바로 그 순간에,
그들은 지도자님을 불렀다.
대답을 듣지 못하자, 직접 가서 그를 흔들어 보았다.
그러나 아이고! 그가 무엇을 보았겠는가, 오호!.....
거기에는 너무나 이상한 일이 벌어져 있었다.
지도자님의 머리만이 이미 사라져 버린 일이…..
사냥꾼들은 걱정이 되었다.
그들은 매우 놀라, 당황스러움에 어쩔 줄 몰라했다.

-이 지도자님의 머리만이 없어지셨네…..

다른 사냥꾼이 말했다. -

잘, 기억해 봐.
이 분이 우리와 함께 왔을 당시,
그때는 머리가 있었지?

첫 번째 사냥꾼이 자신의 머리를 긁적거리며 말했다.-

이보게 형씨, 머리쪽 부분은 아예 관심을 두지 않았어.
니가 말해 봐.
너도 바로 그 자리에 있었잖아.

다른 사냥꾼이 말했다. -

나도 그 지도자님의
머리 부분에는 관심을 두지 않았어.
자, 우리가 적어도 한 가지의 일은 할 수가 있을테니…
지금 바로 도시로 가서 사람들에게
그의 머리에 관해 물어 보도록 하자.
아마도 사람들은 우리에게 말해 줄 수 있을거고,
문제가 해결될 수 있을거야.

그래서 그들은 머리 없는 지도자의 몸 만을
어깨에다 둘러매고 ,도시를 향해 출발했다.
사냥꾼들은 도시 안에 골목-골목마다 샅샅이
뒤져가며 거의 모든 사람들에게 물었다.
그러나, 아무도 명쾌한 답을 주는 사람은
어느 누구도 없었다.

누군가는 말했다.-

저는 여러번 지도자님을 골목길을
지나 다니면서 뵌적은 있어요.
그러나 그의 머리부분에 관해서는
아무런 관심을 두지 않았어요.
누구에게나 물어 봤어도, 똑같은 대답이 나왔을걸요.

그들이 머리에 관하여
질문을 할 때마다
모두 그들의 머리를 흔들었다.
이러는 동안에 어느 과자 집 주인이 거기에 와서,

말했다.-

이봐요, 형씨!
그 분은 매일 여기에 오시곤 했소.
그 분은 내 가게의 자레비얀(sweet dishes)*을
즐겨 드시곤 했소.
이것의 의미는, 그 분에게
입이 있었다는 것은 확실해요.
그러나 ,입 위의 부분에 관해서는
확신하지는 못하겠습니다.
그러면, 이렇게 해봐요!
그분의 아내에게 알아 봐요.
사실상 그녀는 그 남편을 가장 잘 아는 분이겠지요.
머리가 있었는지…그 분에 관한
모든 것을 알고 가장 잘 알고 있을 겁니다.

그의 아내가 말했다.-

뭐라고 말씀하셨어요, 머리라고요?
죄송합니다만, 사실 그는 결코 머리가
반드시 필요하지 않았어요.
그러나 제가 코넛플레이스**에 갈때마다
간디 아쉬람***에서 카디(khadi)****로 된
모자를 항상 사다 드리곤 했어요.

모자(Thopi)에 관한 말을 듣자,
한 사냥꾼은 무슨 일이 있었는지를

---

* 자레비얀(sweet dishes) ;후식의 종류, 단 음식(미타이, mitaii)
** 코넛플레이스 (connut place): 인도 뉴델리의 가장 번화한 곳
*** 간디 아쉬람(Ghandhi Ashiram) : 간디 명상센타
**** 카디(khadi) : 직접 물레로 짠 목화 옷

알지 못했다.

그는 바람을 터치하는 것과 같은 느낌을 받았다.

그리고 그 가난한 사냥꾼은

정글을 향해서 '또삐-또삐'…소리치며,

왜 달려가기 시작했는지를 모른다.

정글로 가는 도중에 ,어느 남자가 그를

이런저런 이유를 대며 가로 막았다.

-무슨 용무로가는 것이냐 ?

이런 식으로 마음대로 행동하지 말라, 라고 하였다.

사냥꾼은 말했다-

늑대가 나의 지도자님의

머리를 먹어 버렸다는 생각이

확실해 진 후, 나는 너무 놀라웠고

매우 걱정이 되었다 .

그러나 그가 쓰고 있던 모자는

어디로 사라진것이며, 어찌된 일까?

남자가 말했다 -

내가 늑대의 주소를 줄께.

그리고 모든 이야기를 너에게 해 주마.

늑대는 지금 동굴에 있지 않아.

그는 밖으로 나왔어.

지금 그는 도시에서

정치적이고 종교적인 사람들의

냄새 맡으러 다니는 중이란 말야,

그리고 직접 모자를 쓰고서,

어슬렁대며, 도시의 골목-골목 마다
그 주변를 배회하고 있는 중일세!

---

* 인도에서 모든 지도자들의 전형적인 의복으로 갖춰입는 기본적인 아이템은 카디(khadi), 꾸르따(kurta), 모자(thopi) 등이다.
* 꾸르따(kurta): 인도 남자들의 윗옷에 해당하는 평상복
* 이 시는 인도에서의 정치 지도자들을 대상으로 하여 사회속에서의 그들의 역활과 그들의 공헌도, 일반서민들의 기대치등을 기초로 하여 쓴 시이다. 시인 아쇼끄는 이 시를 통하여 인도에서 지도자라고 일컫는 사람들이 얼마나 유약하고, 이기적인 인간성을 가지고, 자신만을 생각하며, 자신의 몸 보신 만을 하려는 사람들임을 폭로 하고 자한다. 여기에서 지도자는 자신이 사냥을 즐기기 위해 도시에서 사냥꾼들을 불러서 자신은 사무실에서 하던 버릇 그대로 행동하고, 사냥꾼들 에게 만 사냥하도록 시키고, 자신은 회전의자에서 하던 행위를 사냥터에서도 일관성있게 똑같이 실천하고 있다. 이것으로 이 시에서의 숨겨진 의미는 말하자면 실질적인 일은 본인인 지도자 스스로 하지 않고 있다가, 만일 위급한 상황이 닥쳐와서 아랫사람이 할 수 없고, 지도자 본인 스스로 해야 만 할 상황이 된다면, 모든 것을 아랫 사람에게 시키다가 나중에는 자신이 직접하게 되나 실수를 하게 마련이고, 결국 목숨까지도 부지하지 못하게 될 경우도 생기게 된다는 의미를 담고 있다. 또한 인도에서의 지도자들이 높은 지위를 차지하고 나서는 그 자리에 안주 하기위해 사회적인 부패 ,타락의 길로 자연히 들어서게 된다는 상황을 표현하여, 그들 지도자들 스스로 경각심을 갖게 하고 자 하는 것도 이 시에서의 또 하나의 목적이 될 수 있다고 볼 수 있다.

거대한 우리의 조국 '인도'

내 친구,
샤르두르 싱 위끄리디뜨(Shardur Singh Vikridit),
그는 조국의 상황때문에 매우 마음 아파했다.
그가 말하기를-

이제 나는 참을 수가 없어,
더 이상 이런 나쁜 상황을 봐 줄 수가 없어.
그리고는 울기 시작했고,
뺨으로 흘러 내리는 눈물을 닦고 있다.

내가 말했다.-

오호,….이봐, 위끄리디뜨
제발 울지 마시오.
당신의 눈물을 안으로 삼키시오.

그가 말했다.-

사랑하는 아우, 아쇼끄여!
이 눈물을 멈추지는 않아,
그리고 너도 울어 두는 것이 좋을 거야.

나는 말했다.-

왜 내가 몸 안에 수분을 감소시켜 가면서,
쓸데없는 것을 위해 울어야만 하지요?

그가 말했다.-

너는 이 나라의 상황이 어떠한지 알 수가 없을거야!
아무 일 없이- 괜찮치 않아? 라고
내가 말했다.

그가 말하기를 -

어디서 부터 무엇이 괜찮다는거냐?

내가 말했다. -

우리의 조국 , 어느곳에든지 , ,
행복이 있고,
풍부한 자원이 넘쳐나는,
거대한 나라, 우리의 조국임을
어디서든 알 수 있잖소!

이말을 듣고나서 , 그는
더욱 더 큰소리로 울기 시작했다.
그는 도저히 통제할 수 없을 지경에 이르러,
말하기를-

친구여,
나는 네가
정직한 사람이라 생각해.
그러나 , 네가 시인협회에
가입한 이후 너의 입장은 달라져 버렸지…

내가 말했다. -

위끄리디뜨(Vikridit)씨,
당신은 쓸데없는 일에
마음 아파하고 있어요.

가까이 주변을 둘러보면
행복, 평화스러움,
안락함 속에 있으며,
이와같은 평화스러움은
아마도 람 왕조 시대에도,
그렇지못했을겁니다.
그 시대에 도인*들이
야갸** 행사를 통하여

악마들의 악을 철폐해 버렸고,
그들을 물리치곤 했잖아요.
그러나 오늘 날은 어떠한가요….?
수 백명의 요기***들,수 천명의 바바****
얼마나 많은 구루데브*****,
얼마나 많은훌륭한 학자,
얼마나 많은 종교적인 대상,
그들은 어느 누구의 간섭없이
수행을 행하며 나아가고 있지요.
그들은 그들 스스로와,
다른 사람의 문제 까지도
풀어내 주려고 노력하고 있지요..
모든사람들은 나름 대로

---

* 도인:'깨달은 자'를 의미함. 종교적으로 승려, 무늬라고 일컫는 자들.고대 왕조시대에 왕은 도인의 올바른 충고와 종교적인 의미로 신이 전하는 도인의 말씀을 받아들여 나라를 통치하였다 함.

** 야갸(yagya) : 브라만교의 제사형식중에서 가장 중요한 의식.산 채로 동물이나, 6살 미만의 아이를 신의 제단에 바쳐어려움을 극복하려는 신에대한 제사의식.

*** 요기(yogi): 신체의 감각기관의 콘트롤을 통해 수행하여 깨달음 얻은 자.

**** 바바(baba): 종교적으로 추앙받고 있는 신의계시를 받은 자로 믿고 있는 인도인들의 숭앙의 대상.

***** 구루데브(gurudeva):깨달음에 도달 할 때 까지 그를 지도해 주는 스승을 일컫는 의미를 나타내는 사람.

자신의 일을 해 나아가고 있는 중입니다.
돈, 행복, 재산이 우리 주변을
둘러 싸고 있다 하더라도,
어째서 물가는 계속 고공행진을
계속하고 있는건가요?
조국의 경제상태가
매우 엉망이 되어가고 있다고…
당신은 이전에 말씀하셨잖아요!
아이고, 물가의 상승-이건 말예요,
정부의 무능이 원인 이지요.
한편 일은 어찌되었든
일은 진행되고 있고,
일의 댓가를 지불할 돈은
어떻게, 어디서 빼내야할까?

물가 상승이라는 -
단순한 기쁨에 빠져,
수천명이나 되는 아이들,
노인, 젊은이 할 것 없이, 모두
정부를 축하해 주려고
수도 없이 몰려온다, 너도 나도…
그리고 우리네 지도자들은
미소띤 얼굴을 포스터화한
사진들을 온 벽에 붙여놓는다.
내가 말했다.-
정말로 우리 조국은 거대하군요,
왜냐하면 미소띤 그분들의 사진이
방방 곳곳 지역 지역마다
어느 벽에나 붙여져
있기 때문이지요!

많은 보석을 지니고 있는
여인들은 , 그 보석을 양껏 걸칩니다
놀러 다니고, 해외에 나가기도 하지요.
만약 어느 날 엔가 누군가가
그 보석들을 강탈 당했다면,
집에 돌아와서는 통곡하겠지요.-
아이고! 우리가 강탈을 당하게 되리라는
생각은 결코 못했다고요!

우리나라에서 축제 처럼
빈번히 일어나는 것이 폭동이지요.
그들은 집들을 불 질러서
주위의 불빛을 발하게 끔 합니다.
실업자들은 이런 식으로
주어진 곳에서 일을 찾게 되지요.
강탈해 온 생활 필수품들을
민중들이 싸게 사가기도 합니다.
우리의 경찰은 매우 민첩하고,
외국 경찰은 게으릅니다.
그래서 우리의 경찰이 훨씬
더 낫습니다.
최근에 국제 경찰회의에서
어느 외국 경찰대표가
그 회의에서 무엇을
이야기 했는지 아십니까?

-우리는 24 시간 안에
어떠한 도둑이라고
잡을 수 있습니다. …. 라고.

두번 째 사람이 말했다.-

사르,
저희는 최대한 12시간이면
도둑을 잡습니다.

세번째 외국인이 말했다. -

도둑을 이곳으로 데려오시오.
우리는 도둑을 잡기 위해서는
6시간만 있으면 됩니다!

우리 경찰 대표 중에 한 분이 말했다.-

도데체 당신네들은
우리네 경찰부서와 어떻게
경쟁을 하시겠다는겁니까?
우리는 도둑이 누구이며,
어디에 가려고 하는지
24시간 이전에 미리
알고 있습니다.
도둑, 강도, 살인범들
그리고 중 범죄자들….
그들 모두 경찰들과
자매결연으로 결속되어져
그들이 경찰에 대한
모든 정보를 파악하고 있고,
경찰은 그들에 관한 모든 것을
너무나 잘 알고 있답니다.
과거에는-
경찰과 범죄자들 간에
이와같은 결속, 관계가

결코 없었다고 해요.

무슨 말씀을 하신거에요?
위끄리디뜨 씨,
우리 경찰은 민첩하고,
또한 상당히 건강합니다.
어떤 종류의 음식이라도 먹은 후
그들의 목숨을 구해 줄수 있습니다.
그들은 말똥이나 건초와 같은
어떤 더러운 종류의 음식도
소화해 낼 수 있지요.
당신은 음식속에 더러움을
섞어 먹는 사람과도
알아두어야 만 합니다.
그들은 당신에게
새로운 삶을 제공해줍니다.
그러면 당신의 소화력을
더욱 더 강하게 만들어 주게 되지요.
아이고, 우리는 사실 그들을 위해서는
독약이기를… 하고 바래야만 합니다.
그들이 우리에게 약이라는 이름으로
독이든 약을 주었을 때
우리는 그것을 먹었고,
우리에겐 아무런 일도 일어나지는 않았어요.
그리고 위끄리디띠씨,

선행을 했다고 해서 그 사람이,
죽는다, 죽지 않는다, 라고 할 수는 없지요.
우리나라 사람들의 경우에
만일 남자가 독극물이나 알코홀로,
여자는 캐로진 오일로,
한 번만에 죽음을
맞이하게 된다면,
매우 길한 운명으로 받아들이곤 한다.
강간 또한 요사이 유행처럼
만연되고 있잖아요.
거의 매일 빈번이 일어나고 있지요.
낮은 카스트의 여인들,
강간의 목적 대상이
되지 못한다는 것을 말해 주는 듯
거의 의례적으로 3-4번이상을
강간이라는 고통을 당했을 것 입니다.
도데체 어떻게
수도 없이 반복되는 이런 일들을….
그들은 인내해 낼 수 있었을까요!
위끄리디뜨씨,
지난 번 며칠동안
저는 빈드-무래나*에서 개최된
시인 협의회에 다녀왔어요.
나는 한 강도를 만났는데 , 그가 말하기를-

---

* 빈드-무래나(Bjind - Murena): 지역이름

아쇼끄씨,우리는 새로운 계획
때문에 몹시 마음이 들떠 있어요.
오래전 부터 저희는 짬발* 정글에서 살아 왔지요.
계속 살면서 따분해지게 되었어요.
그래서 우리는 도시에다 '구루-드와라'**를 위한
사원을 지었으면!...어떠할까, 하는 생각을 했어요.
거기에는 경찰이 들어올 수도 없고,
우리를 간섭할 수 도 없고,
평화롭게 살 수 있는 그런 사원을 …
우리는베개밑에 권총을 놓아두고
사원안에서 잠을 잘 것이입니다.
그리고 바로 그곳에서는 강도들 만의
미션을 위한 지침을 내릴 것입니다
그러나, 경찰 대신에 군인들이
사원에 들어와,
우리 민중들을 죽였다면,
우리의 계획은 실패일 것입니다.'
그러니까,우리는 짬발에서
사는 그것으로 행복합니다.

그래서 제가 말씀드립니다.
위끄리디뜨씨,
오늘날 여기에서 사는 그들은
형편에 따라 모두들 행복합니다.
왜냐하면 아무도 그들을
콘트롤 할 수 없기 때문이지요.

---

* 짬발 정글(Chambal jungle):인도 짬발 지역에 소재한 정글.
** '구루-드와라'(Guru-duwara): 힌두교의 크리쉬나를 믿는 신도를 뜻하며, 여기에서는 크리쉬나를 위한 힌두교 사원을 의미함.

그가 도둑이거나, 범죄자 또는사기꾼 ,
정직하지 못한 사람들이라고 할지라도,
행복하고 자유롭고, 존경받기에
그들 모두 행복합니다.
그리고 포스터화 되어
벽마다 붙여져 있는
웃음띤 그들의 모습이
이땅에 존재하는 한 ,
거대한 우리 조국이 될 것 입니다.
이미이순간 위끄리디뜨씨는
눈물이 말라 있었다. 그리고
그는 이제 웃고 있었다.
그리고나서 바로 그때,
큰 소리로 껄껄걸..
웃기 시작하였다.
너무나 크게, 더욱 크게
웃기 시작하다가, 다시
울기 시작하였다.

오, 신이시여!
당신은,
나의 조국이 어떻게
되어 나아가고 있는지…..
알고 계시는지요?
그 사람은 웃는다,

그러나 웃다가-웃다가

웃고 있으면서도 울고 있었다.

이 작품에서 시인 아쇼끄지는 현재 인도의 상황에 대하여 묘사하고 있다. 그는 부패한 정치인들이 강도, 사기꾼, 나쁜 범죄자들과 돈으로 어떻게 연관되어져, 결탁해서 그들의 버팀목 역활을 하고 있는가를… 경찰 또한 정치인들과 마찬가지로 또는 정치인들의 부패는 경찰이 부패하는 데 직접적인 영향을 받아 그들이 범죄자등 과의 내면으로의 결탁된 관계 역시 인도의 현재 부패된 정치작, 사화적인 현황임을 드러내 보여주고 있다.
상점주인들은 서민이 먹는 음식원료에 가른 것을 혼합해서 팔고 있는 상황을 아쇼끄지는 매우 풍자적인 형식으로 웃음이 깃든 유모를 첨가해서 표현하였으나, 그는 그 속에서 민중, 일반 서민들에게 이러한 모든 것들의 고통을 주지시켜야할 메시지임을 던지고 있다. 여기에서 그는 그의 친구 위끄리디뜨씨를 보통서민의 대상으로 삼아 그에게 자신의 메세지를 말해주고 있다. 권력 있고, 부자인 강한 자들은 시골에 사는 낮은 카스트의 여인들을 강간하고 짓밟으나, 그 낮은 카스트의 여인들은 불만이나 그 어떤 행동도 취하지 못한다. 만약 그녀들이 그 불평을 경찰에 고발하게 되면 경찰조차도 부패되고, 썩을 대로 썩어 그들 경찰들이 카스트 낮은 그 여인들을 다시 짓밟고, 강간하는 것을 알기 때문에 그녀들은 아무런 고발도, 행동도 취하지 못한 채 그저 침묵만을 지키고, 또 다시 당하개 되면 당해야 하는 비극적인 악순환의 반복일 뿐이다.
사원이 범죄자들, 사기꾼등에게 안전 대피 장소가 되었으나, 아직 인도에서 군인들은 민중을 보호하는 힘을 가지고 있다. 그러한 인도적인 여러 사회적인 상황이 모든 인도의 일반 사람들을 웃어야 만 하게도, 때로는 울어야 만 하게도 울다,웃다 어찌할지 모르는 그러한 복잡합 상황에 놓에게 만들어 놓게 된 것을 시인은 풍자와 유머로서 메세지를 던져주고 있다.

광경

이제 나는 당신에게
어떠한 시도 들려 드리지 않겠으나,
그 대신 어떤 광경을 보여드릴께요..
자, 당신 앞에 광경에 관한
테마를 정리하여 놓았으니, …
보십시오.

이 광경은 시와는
아무 상관이 없습니다.
사르(Sir), 제가 보여드려도 될런지요,
당신이 수락 만 해 주신다면?

당신의 독자들에게
내가 시인으로서
여기에 어떠한 광경을
만들어 펼쳐 보이려하고
시를 들려주는 대신에
다른 재미를 갖게 해 주려한다…라고,
말씀드리지 마세요.

사실 말하자면, 이와같은
광경을 보여 주어야 만 할

시인의 역활은 우리 조국이
나쁜 상황에 처하게 된
상당수의 극빈자들 때문일 것입니다.
그래도 괜찮으시겠습니까?
제가 그 광경을 보여 드리기 시작해도 될런지요,
당신이 수락 만 해 주신다면 ,사르(Sir)?
어르신 말씀하세요.
주인님 말씀하세요.
그 광경을 보여드리려는데,
수락해 주시겠습니까?
땡큐, 단야와드*, 슈끄리야**,
당신은 '예' 라고 하셨지요.
아주 잘 하셨습니다 !
당신은 훌륭한 분이시며,
매우 사려 깊은 청자이십니다.
게다가 광경을 연출하는 사람도
대단하신 분입니다.
보세요. 나의 손에
세개의 시험용 튜브가 있어요.

당신은 어디에 계십니까?
주의를 기울여서,
관심을 가지고보세요.

---

* 단야와드(dhanyavad): 힌디어로 사용되는'감사하다' 의 어휘
** 슈끄리야(shukriya): 우루두로 사용되는 '감사하다' 의 어휘

마음의 눈으로,
상상의 날개를 펴고 보세요.
보세요, 여기를.

이것들이 손가락들이라고,
말씀하셨나요?
아니요, 아니에요,
이것들을 손가락이라고 하지 마세요.
시험용 튜브입니다, 이것들은…
당신이 이 광경을 보고
계시는 동안은 튼튼한 심장을
지니고 있어야 만 해요.

당신은 나의 지극한 청자,
나는 당신의 독자.
당신은 나를 격려해 주는 이.
나의 사랑, 연인이여..!
이제는 이것들이 무엇인지 말씀해 보세요?
세개…..

시험용 튜브입니다, 이 세개는…
베리 굳. 땡큐.
단야와드, 슈끄리야,
당신은 나의 손가락을
시험용 튜브라고 말씀하셨어요

아주 잘 하셨습니다!
말씀해보세요.- 말씀해보세요.
그러면, 이 시험용 튜브 안에는 무엇이 들어 있나요?
아이고, 무슨 일이 일어났습니까?
당신은 시험용 튜브를 볼 수 있잖아요.
그런데 그 안에 무엇이 들어 있는지
볼 수 없습니까?
어쩌면 당신은 그다지도
무지한가요!

좋아요, 그냥 내버려두세요
사르(Sir),오케이.
오직 여기에 만 관심을 기울여 보세요.

오케이, 지적한 주요한 곳에
관심을 두고 대답해 볼께요.
그 시험관 속에는 피가 있지요.
그래요 어르신
그렇습니다!
예, 맞습니다. 형씨!
그렇습니다. 신이시여!
시험관 튜브 속에는 피가 있어요.

첫번째 튜브속에는 힌두의 피,
두번째에는 무슬림의 피가.

세번째에는 시크*의 피가 들어 있지요.

그리고 이 세가지
튜브속에 든 피에는
매우 위대한 정신이,
내가 오늘 얼마를
벌어 올 수있는 가를
말할 수 있는 이들은
분명 그 차이를
알아낼 수 있을겁니다.
의사 표시는 어느 누구나
자유롭게 할 수 있지요.
마음놓고, 편안히 그 차이를 말할겁니다.
속이지 말아야하고…
있는 그대로를, 거짓없이
가져 오세요.
모든 돈을 가져 와 보세요.
어르신들, 이번이 좋은 챤스입니다.
그 차이를 말씀해 보시지요.
이 세 가지의 차이가 무엇인지요.
자신의 논리로 말씀해 보세요.
그리고 어느 시인이 돈을
얼마나 벌어 오는지를….

---

* 시크(Sikh) : 힌두교에서 파생된 구루 '나나끄'가 창시한 종교. 그들은 터반을 쓴 모습이 상징적인 의미로 나타내 주며, 힌두교에서 파생된 종교라 할 수 있다.

말씀해 보세요.
푸른 셔츠를 입으신 어르신,
흰 꾸르따를 걸치신 주인 어르신께서도…
말씀해 보세요.
상당히 긴 수염을 기르고 계신 분.
말씀해 보세요,
노란 사리를 입은 언니,
오케이, 미스터 수퍼바이저
말씀해 보세요.
당신은 반드시 잘 맞추실 것이라는
생각이 듭니다.
당신의 수염은 얼굴에 있는 것이 아니고,
배에 있습니다.
사르(Sir), 무슨 생각을 하시고 계시나요?
여기를 보세요.
광경이 여기에
펼쳐지고 있잖아요!

그렇군, 맞아!
친구여!
차이가 있어,다른 점이…
분명히 그들 간에는
차이가 있어,
그런 차이 때문에 ,
우리 사회 안에는

늘 분쟁이 계속되어 왔어.
피는 동맥 안에서
식지 않고 있어.
끓어서 넘쳐 밖으로 나오고
길위로 흐르고 있는 상황이지.

만약에
아무런 차이가 없었다면,
거기엔 아무런 폭동도.
폭동 후에 울부짖음도
없었을거야.

만약에
아무런 차이가 없었다면,
분노를 토해내는 마음이
없었을거야.

만약에
아무런 차이가 없었다면,
갑자기 그렇게 많은
과부들이 생기지 않았을텐데.
우리나라 어느 곳이든
방방 곡곡에 살인자들이,
그들이 살해한 자들의
뼈들이 나동그라져 있고,

물이 있는 곳에 마치 피가
물처럼 살해된 자들의
피가 비 내리듯이
흘러내리고 있어.

폭동을 일으킨 사람들이
만약에 어떤 수치스런
마음이라도 들었다고 한다면
나에게 말해 달라고 하세요.
왜 그들은 침묵 만을
지키고 있는 겁니까?

그리고 맨 처음으로
첫번째 손가락에 힌두의 피,
두번째에는 무슬림의 피
세번째에는 시크의 피가
들어 있다는 사실을
말씀 드렸잖아요.
만약에 그 순서를
반대로 말했다면,
어떻게 그 순서를
바르게 알아낼 수 있을까요?

이보게, 친구!
겁을 내서는 안돼,

만약에 자네가 겁을 낸다면
가령 그것들을,
어느 만디르*, 모스크,* 또는
구루-드와라* 앞에
놓아 두어 볼까?
어떤 차이가 있는지
누구인가는 말해줄 수 있을런지 말야.
어떤 빤디뜨가,

어떤 무슬림학자가,
어느 누구라도
문제를 해결할 수 있는
사람이 있을런지…

마루 바닥위에 피가 놓여 있다고 해.
어떤 것이 힌두의 피,
어떤 것이 무슬림의 피,
시크의 피인지 ,당신은 구분할 수 있겠어요?

이제 법무부 직원들 몇사람이 올거야.
그들은 손톱에서 피를 채취해 가져갈거야.
샘플들을 실험실로도 가져갈거야.
그리고 그 피의 그룹에 관해서도 말해 줄거야.

---

* 만디르(Temple)는 사원, 모스크(Moscue)는 무슬림성전, 구루-드와라(Guru-dwara)는 크리쉬나를 위한 힌두교 신도들의 성전을 나타내는 것이며, 여기서는 바로 그들을 상징하는 의미로 사용하였음.

이피는 ‘O’형 그룹
이것은 ‘B’형 그룹
그리고 그것은 ‘B+’형 그룹이라고 말할거야.
그러나 어떤 피가
누구의 것인지를
구분할 수 있을까?
그 피로 종교나 카스트를
알아 낼 수 있는 사람은
현미경이라도 있는것일까?
그들은 말할 수 없을거야.
그러나 나는 자네가 말할 수
있을거라고 생각해.
말씀해 보세요, 말씀해 보세요,
그리고 오늘 시인이 돈을
얼마나 벌어 올런지…
그 차이를 말해 보세요.

이제 나는 이 시험용 튜브를
스토브에 넣을꺼야.
그 피는 끓게 될거야.
피는 열리게 될거야.
거품이 나게 될거야.
그래요, 형씨!
아래에서 부터 뜨거워지면
피가 열리게 되지요.

누군가의 피는 말라서 건조한 상태이고,
어떤 사람은 타버렸고,
어떤 이는 냉동된 상태로,
어떤이는 그대로인 상태가 되지요.

만약에 이 시험용튜브를
냉장고에 보관해 둔다면,
그 피는 얼어 버리게 될거야.
만약에 그 안에 막대기를 집어넣으면
그것은 아이스크림의 재미있는 모양이 될거야.
당신은 이 아이스크림을 드셔 보시겠습니까?
당신은 드셔 보시겠습니까?
드셔보시겠어요, 언니?
어르신 잡숴 보시겠습니까?

나는 당신이 인간이므로
먹을 수 없다고 생각해요.
그러나 우리나라에도
종교적인 종파들이 다소 있지요.
그들은 급진적인 파벌이지요.
피로써 만 장사를 하지요.
그들은 이 피를 아이스크림으로 드십니다.
탁자에서 드십니다.
어르신은 매우 큰 탁자에서 드십니다.
그리고 자신의 즐거움과 향락을 위해서-

사람과 사람간에 싸우고 죽습니다.

아이들처럼 이들에게
동정을 배풀지 말아요.
이들은 달콤한 자장가를 좋아하지 않습니다.
여인들에게 신두르*를 요구하지도 않고,
아무 간섭조차 하지 않아요.
손목에 끼는 팔찌조차도
이들에겐 아무런 제재를 가 할 힘이 없지요.
아이들처럼 이들에게
동정을 배풀지 말아요.

이들 마음속엔 모든 것을
망각하고 자, 종교적인
마스크를 벗어 내던져버리고
코브라 뱀과 같이
모든 사람들에게
독을 퍼뜨려 버리는
탐욕스런 동물들과 같지요.

아이들처럼 이들에게
동정을 배풀지 말아요.

---

* 신두르(Sindhur) : 인도여성들이 앞 가르마에 중간부분을 넘지 않는 곳 까지 빨간 색의 표시를 하여 결혼한 여인임을 상징하는 표시.
여기에서 신두르를 표시하는 색감 또는 도구는 결혼을 위해 준비하는 곳, 또는 전통적인 것들을 취급하는 곳에서 찾아 볼 수 있다.

모든 이들에겐
그들의 신,
그들의 절대적인 존재가 있지요.
그러나 탐욕에 찬 사람들은
자신만이 오직그들에게만
관심을 가져 주기만을 바랄 뿐.
아이들처럼 이들에게
동정을 배풀지 말아요.

그들에 의한
보편화 된 폭동때문에,
사원앞에 찢어진 슬리퍼들,
모스크앞에 흩트러져 있는 아이들의 책가방들,
시크들의 성전앞에는 폭탄 조각들이,
그러나 아무도 그것이 무엇이냐고
물어볼 수도, 말할 수도 없다네!
행정부에도 결코 물어 볼 수 조차 없어…
아이들처럼 이들에게
동정을 배풀지 말아요.
그래요, 어르신!
누군가는 도띠*를,

* 도띠(doti), 빠자마(pajama), 빤따룬(pantarun) : 인도인의 전통적인 남성복에 해당 하는 용어.도띠는 허리춤에 두르는 천을 위에서 아래로 내려 가운데를 나누어다시 위로 그 천을 올려 허리춤에 묶어서 입는 바지형태. 빠자마,빤따룬 모두 바지형태를 일컫는 용어이다. 그러나 빠자마, 빤따룬은 여성들의 바지용어로도 사용된다.

누구는 빠자마*를
어떤이는 빤따룬*을 입고 있지요.
그러나 모두 그들의 피는 동일하지요.

사리속에서 어머니를,
살와르*에서는 언니를,
그리고 부르께**속에 무슬림 여인들을,
모두 그 안에는 동일한 피가 흐르고 있지요.
그런데,왜,어째서
그들은 다른 법을 규정하고, 다른 사람들이라고 하는지요?

좋아요, 내버려두세요,
피에는 어떤 차이가
있는지 말해 보세요.
첫번것은 노란색입니까?
두번째는 그린색 ,
세번째는 푸른색인가요?
모든 이들에게 물어 보세요.
바로 그 안에 빨간 색이
흐르고 있다고 말할겁니다.
그리고 바로 이것이야 말로
이 광경의 주제입니다.

---

* 살와르(sarvar):인도의 전통적인 여성의상으로 정식으로 차려 입는사리(sari)외에 결혼하지 않은 미혼여성들, 또는 그 외 결혼한 여성들이라도 간편하게 입는 위,아래(바지형태)로 된 옷.

** 부르께(burke):무슬림여인들의 얼굴 앞에 가린 천을 '부르께'라고 부른다.

몸 속에, 길 거리에
동일한 피가 흐르고 있다는 것일 뿐.

단지 차이란 바로 이것이에요.
피가 각기 다른 시험용 튜브속에
담겨 있다는 것 뿐이라는……
피의 차이는 없고, 동일하지요.
자, 이제 저는 떠나려고 합니다.
그러나 같은 말을 반복하려고 합니다.
만약에
우리 모두 피의 색깔이
한가지
— 동일한 빨간색 이라면,
왜 우리는 같은 어머니의 아들로
살지 못하는 것일까요?
그리고 왜 다른사람에게
잘못된 안내를 해 주어야 할까요?

우리는 종교를,
카스트를, 그리고 가문을
잊어 버려야만 합니다.
우리는 피로 연결된 가족,
우리가 같은 인간이고,
우리는 같은 종파에 속한다는 것을
명심해야만 합니다.

그리고 종교인들이
그들의 색깔에 따라
피가 길 위에
흐르게 해서는 안된다는 것.
바로 이것이
광경을 연출한 자의
마지막 소망입니다.
피가 길위에 흐르게 해서는 안된다는 것을.
피가 길위에 흐르게 해서는 안된다는 것을
피가 길위에 흐르게 해서는 안된다는 것을

* 작가는 '광경'에서 인도의 독특한 환경이라 할 수 있는 다양한 종교와 다양한 민족등 복잡한 사회적인 상황속에서 그 현실을 묘사하려고 했으며, 그 현실적인 상황이 안타까워 그는 긴 시 흐름의 형식으로, 유머와 풍자의 형태로 빌어 이 작품을 쓰고자 했다. 또한 여기에서 작가만의 인간의 심리적인 동질성을 담아내려는 노력을 엿볼수 있다.

어찌되었든지…

생존의 전장터에서
21세기의 마지막
무대에 올라서게 되면,
나의 목이 흔들거리기
시작할거야.
하루 하루의 삶은
지팡이에 기대어
달려가게 될거야.
그당시엔 나 자신이
어떻게 시인이 될런지
몰랐지만.
어찌되었든지,
우리는 어느 시기가 되면
결국 은퇴를 해야 할거야.

그래서 우리는 더 나아가
미래에 풍자시인에게,
'뚱뚱한 아내'
'검은 피부를 지닌 아내'
'올케, 시누이, 처남댁'
'부엌데기'
또는 여인에 대한 모욕을

시의 주제로는 사용하지 말아 주기를 …

적어도 이것만은 -

그들에게 부탁하고 싶은걸세.

카메라 신께 기도를.

카메라 신이시여,
만수무강하시고, 복덕을 누리시기를 .
당신은 강력한 진리의 수호자이십니다.
카메라 신이시여,
만수무강하시고, 복덕을 누리시기를 .

온 우주의 모든것이 거짓이라 하나,
당신에겐 진실함 만이 있음을….
우리 모두 아이들처럼 당신을 숭배하지요.
모든 이들 당신을 만나기를 두려워 하지요.
영화배우가 여섯 번 이상의 수염을 깎고나서
당신 앞에 비로소 올 수 있지요.

당신은 소통체계의 바퀴라 부를 수 있고
당신은 결단력을 지닌 분이지요.
당신 앞에 순간순간 어떤 것도 감출 수 없지요.
당신은 신의 존재 보다는 그 존재가 더 하지 않다고 하더라도,
당신은 법정에서 진실을 가려내 주고,
수많은 무지몽매한 이들을 어려움에서 구해주시지요.
카메라 신이시여,
만수무강하시고, 복덕을 누리시기를.

만약에 당신이 원하신다면
당신은 많은 것들을 폭로할 수 있지요.
당신은 작은 것을 크게 만들 수도 있지요.
당신은 원숭이같은 사람을 아름답게 만들 수도 있지요.
당신은 추한 얼굴을 아름답게만들고,
당신은 멋진 사람을 형편없이 망가뜨릴 수도 있지요.
카메라 신이시여,
만수무강하시고, 복덕을 누리시기를.
당신은 전 우주를 섭렵하고, 재단할 수 있으니
당신은 인간의 내면을 훤히 꿰뚫어 보고 계시지요.
수많은 보디-빌더들이 당신을 두려워합니다.
당신앞에서는 모든 이들이 추운 날씨에도 땀을 흘리지요.

나는 당신에게 과일과 함께 꽃을 바치렵니다.
나는 당신이 원하는 만큼의 필름을 넣고,
사진을 찍어드릴 준비가 되어 있습니다.
만일 당신이 당신의 가게를 보여주고 싶다면
모든 것은 언제든지 다 겉으로 드러내어 보여 드립니다.
그러니 당신의 하인-저의 헌신적인 사랑을 수락하여 주시기를.
카메라 신이시여,
만수무강하시고, 복덕을 누리시기를.

축하

사띠 건널목에 있는
커다란 마켓 오른쪽에,
그곳은 언제나 왁자지껄,
사람들로 붐비는 곳이다.
교차로에서 정확히
스무 발자욱 앞으로 더
걸어가 보면 기분나쁠 정도로
음침하고, 으스스한…
아주 적막한 골목에 새로 생긴
이상한 가게가 오픈 된 곳이 있다.

바로 그 가게에 관한 이야기이다.
그 가게 사인 보드판에는 -
굵디-굵은 글씨체로 쓰여져 있었다.

"며느리의 화장 센터"
어드바이저-닥터.푼깬드라(Dr.PHOONKENDRA)
당신이 24시간이내에
아무런 문제없이 며느리를
화장시킬 수 있습니다.

어쨌든간에…..
어느날
아들과 아버지

그 가게에 들어 갔을 때,

닥터.푼깬드라 웃으며

반가이 맞이하였다.

다시 크게 웃으면서-

어서 오시오 , 사르!
당신의 '신부'를 화장시키기를 원하시나요?
말씀해 보세요.
무슨 문제라도 있으신지요?
당신은 아들의' 신부' 인지..
또는 아버지의 '신부' ?
누구를 화장시켜야 만 하나요?

아버지가 말했다.-

예, 이 아이(아들)의 '신부'가
문제라고 할 수 있습죠….

아들이 말했다.-

예, 문제로 말할 것 같으면,
그녀는 우리 아버지의 며느리지요.
우리는 다우리*를 전부 받지 못했기에
불만이 쌓여 있는 상태 입니다.

닥터가 말했다.-

오케이, 알았어, 알았어.
우리는 '신부'를 화장시키는
새로운 테크니션을 갖추고 있으나,
당신이 새로운 패턴에 따라, 따로 따로

---

* 다우리(Dowrt System, dhoja) : 결혼 지참금제도.

돈을 더 많이 지불해야 만 해.
받은 다우리의 10%가 될거야.
만약에 당신이 일을 완벽하게
처리해 준다면 야,
웃돈을 개런티로 더 얹어 주도록 할께.

화장시키는 데 아주 좋은
한 가지 방법이 있어.
우리 직원이 외국에서
배워온 방법이 있지.
그런데 미안하지만, 화장할 때 쓸
까로신 오일을
가져오지 않았어.

비행사가 비싼 뱌하이뜨 오일을
구해 주었어.
이것을 사용하면,
며느리는 몇초안에
불에 타게 되지만,
고통을 주지 않고,
울고 불고-통곡없이
소리도 내지 않을걸세.

일은 깨끗이 치러질 것이네, 친구여.
우리는 어떤 증거,흔적,표시도
바닥에 남기지 말라고 하겠네.
화장하기 이전에 죽기를 원하시면
'질식과' 샤르마(Mr.Sharma)선생을 뵙도록 하세요.
'독극물과'는 와르마 (Mr.Varma)선생에게,
그리고 경찰이나 법정문제에 관해서는

미스터.디퓨티(Mr. Deputy)씨께
그 문제를 의논 하도록 하시고
'화장부서' 엔 베론씨(Mr. Bheron)가
잘 알아서 해결해 드릴 것 입니다.

당신은 서류를 전부 작성해주고
거기에 '신부'의 사진을 붙여,
정확히 돈을 지불하면 되는겁니다.
그리고 만약에 이후에
다시 두번째 결혼 — 재혼을
계획하시고 있다면,
저희와 미리 다른 새로운 '신부'를
화장하게 될 거래를 짜셔야 겠지요.

우리는 많은 사람들에게
좋은 일을 해 왔지요.
수 천명이 넘는 '신부'들을
화장 시켜 드리는 일을 했지요.
그러나 어떤 불평등의 말들은
어느 누구에게서도 없었고,
항상 축하의 메세지만을
듣곤 했답니다.
레지스트레이션 서류를
작성해 주십시요.그리고
빨리 해 주십시요.
다른 고객들이 조금 후에
올 것이고, 우리는 어떤고객
앞에서 다른 고객의 일은
될 수 있으면 다루지 않으려고 해요.

어떤 것이 레지스트레이션 서류였나요?

완전히 질문 만으로 되어 있던데요.

모든 질문마다 아주 독특한 것을 묻는 것들이었어요.-

만약 그녀의 손가락을 칼로 자르거나
어느 부분을 불에 태웠다면 '신부'는
비명을 지르겠는가 아니면
아무렇지도 않은 태도를 취하겠는가?

부엌에서 당신이 불의 용도로 사용하는 것은-
스토브, 가스렌지, 연탄, 버너 중에 어느 것?
집에서 기르는 애완동물은 어느 것?
개, 고양이, 암소, 또는 숫소 중에-

부엌에 딴두르*가 있느냐?
부엌에서 수도간 까지 얼마나 떨어져 있느냐?

집에는 몇개의 문과 창문들이 있습니까?
집에서 사용하는 연료는 석탄 또는 장작들입니까?

며느리는 사리를 아니면 살와르를 입습니까?
만일 며느리가 사리를 입는다면, 그 사리의 옷감은
코튼, 실크, 나일론 아니면 폴리에스터 중에 어떤 것입니까?

가족은 모두 몇 명입니까?
또는 누군가 외부에서 오는 사람이 있나요?

매일 드나드는 사람은 누구 입니까?
집안 문제에 가장 많은 의논을 하는

* 딴두르(Tandur): 바베큐 - 스토브 (Barbeeque-Stove)를 의미하는데, 인도인들의 부엌에서 사용하는, 난(Nan) 치킨 등을 굽는 화덕을 말한다.

이웃이 누가 있습니까?
집에 전화가 있습니까?
만약에 전화가 없다면
집에서 얼마나 떨어진 거리에 전화가 있나요?
크게 울리는 그라모폰이 있나요?

며느리는 어떻게 우나요?
천천히 아니면 크게 통곡하면서 울부짖나요?
그리고 낮에도 잠을 자나요?

그녀는 두려울 때 비명을 지르는 습관이 있나요?
그녀를 들어 올릴 수 있는 무게는 어느 정도 됩니까?

그녀는 시어머니 또는 시누이와는 문제가 있었나요?
그녀에게 질병이 있었다면, 어떤 병이있었는지….
혹시 무의식적인 상태 인 채로 있은 적이라도?

그녀의 예의 수준은 달다*를 사용하는정도인지
아니면 데시 기**를 사용하는 정도, 어느 쪽에 속하나요?
그녀는 어딘가에서 유도나 태권도를 배우지는 않았나요?
그녀의 친정부모들과 경찰과는 어느정도 잘 나는 관계인가요?
그녀의 오라버니들 중 혹시 누구라도 보디-빌더가 있는지요?
만일에 있다면, 그는 어디에 살고 있는가요?
그 근처에 어떤 하수도가 있나요?

아버지－아들이 서류를 뚫어지게 보고 있었는데,

---

* 달다(dharda) : 기름으로 말할때 '순수하지 못한'이란 의미를 뜻하는데, 여기에서는 며느리로서 집안 어른을 모시는 태도, 자세가 존경심을 가지고 있지 않다는 뜻으로 쓰인 에티켓을 말한다.

** 데시 기(deshi ghi) : 기름으로 말할때 '순수함'이란 의미를 뜻하는데 ,마찬가지로 시집 온 며느리가 '데시 기'로서 어른들께 대접을 했다.라는 의미를 가지며,며느리의 시댁식구를 향한 존경심의 마음 ,태도를 지닌 자세를 말한다.

닥터. 푼깬드라가 그들을 방해했다.-

일은 믿고 맡기면 될겁니다.
우린 완전히 개인적으로 제공해 드립니다.
그러나 당신들께 부탁드릴 것이 있습니다.
커튼 뒤로 들어가 주십시요.
거기에 들어 가 읽으세요.
천천히 말씀하시면서, 작성하여 주십시요.
왜냐하면 지금 사환아이가 전해주기를-
새로운 고객이 이곳으로 오고 있다고 해요.
우리는 모든 이들의 어려움을 제거해 드리려고 해요.
그러나 어느 고객 앞에서 다른 사람의
말하는 것을 금기로 하고 있지요.
안으로 들어가세요.
그리고 제가 부르기 전에는 절대 나오시지 마세요.

커텐 뒤로 가서
아들이 말했다.-

가게는 좋은데요!

아버지가 말했다.-

네 말이 맞구나!
문제를 해결하기에는 좋은 기회야!
너는 서류작성을 끝마치도록 해,
나는 미리 돈을 지불할께.
그리고 만약에 네가 두번째 결혼에서도
원한다면 돈을 지불해 줄께.
오늘 당장 그 계약을 미리 해 둘까?

-아,아니에요, 아니에요, 아버지 !

먼저 이번 것을 말끔히 끝내고, 정리해야지요.
그 다음에 다시 다우리건에 관한 거래를 만들어야겠지요.
우리는 이 문제(현재 '신부')를 해결한 후에야,
두번째 결혼을 위한 준비를 할 수 있을겁니다.

-이런 ,바보같은 녀석!
왜 너는와이프가 죽은 후에 모든 것을 계획하려는거냐?
너는 두번 째 결혼에서의 음악과 장식을 생각해두고,
팔찌등 신부의 장신구등은 어떻게 보내고….
첫째로 다우리에 관한 물건등도 챙겨두어야 하잖아.
냉장고, 티.브이(T.V) 브이씨 알 (V.C.R),그리고
마루띠* 보다 못한 거래로는 다우리로서 만족할 수가 없겠지.

-마루띠는 제가 탈께요, 아버지 !

-이런 , 아무 짝에도 쓸모없는 놈!
나는 더 비싼 가격에 팔아 버릴거야.
10.000 루삐 이상에 팔려고 해.

실망을 한 아들은 슬그머니 커튼을 젖히고 보았다,천천히…
그리고는 깜짝놀라서 아들이 말하기를-

아버지!
-밖에 누가 있는지 아세요?

-말해라.
내가 여기에서는 보이지가 않잖아?

---

* 마루띠(Maruti): 일본제품으로 인도에서 만들어진 소형차의 종류.스즈끼 회사제품으로 'Maruti-Suzuki' 로 알려져 있다.

-아버지?
바깥에 매부*가 와서 앉아 있어요.

-무엇이라고?
사위가 와 앉아 있다고 그랬어?

-사위라고 말하지 마, 아버지!
그는 잔인한 인간이야!
내 누이를 화장시켜 죽이기 전에 내가 그들을 먼저 없앨거야..

이 사람은 나의 매부가 아니야.
그는 악당이야.
그러나 훌로(FOOLO)의 오빠가 아직은 살아있지.
이 멍청이들이 다른 짓을 하기 전에
내가 먼저 복수를 할거야.
우리가 해 주어야 할 다우리를 전부 다 주었어.
어떻게 그들이 이처럼 우리를 깜쪽같이 속일 수가 있지,
밖으로 나와요, 아버지!

-지금 무엇이 어떻게 되어가고 있다는거야?
누가 누구의 매부이지?
누가 누구의 외삼촌이지?
의뢰인들 서로 간에 다툼이 일어나지 않을거야.
일어나게 된다면 완전히 싸움이 나겠지…..
에이-이봐, 싸우지들 마!
이와 같이 처음대로 하지 않을려고 하고, 만약에 싸울거라면,
나는 당신네들이 선금으로 낸 돈을 돌려주지 않을거야.

-미리 지옥으로 꺼져 버려, 애숭아!

---

* 매부(brother-in-law) 그의 누이의 남편

내가 너를 산 채로먹어 버릴테니!

-잘 들어 봐, 브라더
우리를 잡아 먹지마.
좀 진정해 봐.
여기를 봐,
이 분은 너의 매부이고 이 분은 그의 아버지이셔
그러나 나에게 모든 의뢰인은 동일한 대우를 해 드려야 해.

이런 지침도 다른 사람과 동일하게 가르쳐주어야 해.
네가 나의 누이를 화장시켜버릴거라면,
내가 먼저 너를 죽일테야.

매부가 말했다.-

왜 그렇게 질투를 하는거요?
당신은 내가 여기에 내가 와 있는 것을 보고
매우 신경이 예민해지려고 해.
당신은 여기에 와이프의 사리를 사러 왔었소?
아니면 여기에 와이프의 보석등 장신구를 사러 왔었소?

사리라든가 장신구따위에 대해서 말하지 마, 매부!
분명히 결과는 좋지 않을게 뻔 하니까…

- 그 결과로 당신은 무엇을 하려고 하는데?
내가 한번 만에 20피트 정도까지 멀리 떨어뜨려 놓을 거야.

-나는 너의 얼굴을 부숴 버릴거야
-난 너의 머리를 부숴 뜨릴거야
-에이,이봐 싸우지들 마, 싸우지들 마!
둘 다 거기에서 그만 중지 해!

매부, 바로 거기에서 멈춰.
헤이-무엇을 하려는거야,
아이고, 그만, 멈춰, 진정하도록 해!

그러더니 말과 말이 오가고,
너니-나니, 왈가왈부하기 시작하면서
손으로 , 발로 ,어깨, 빰따귀등그리고 신발까지도
동원하여 싸움은 더욱 더 심각해기 시작하였다.

샤르마선생이 질식과에서 달려 왔고,
독국물과의 와르마선생은 그 보다 먼저 와 있었고,
베론씨는 얼굴이 창백해져서 달려왔고,
법에 관한 부서 담당인 디쀼띠사합은 바로
거기에 넘어져 있었다.

그리고 마켓에서 모든 사람들이 그 적막한 거리에
발 디딜틈도 없이 빽빽이 모여들고 있었다.
거기에 있던 누군가가 비행기에서 사용하는
바하이트기름을 그들 주변 사방을 향해 던졌다.
그리고 그 중에 몇 몇 다른 사람이 다우리에
탐욕을 부리던 네사람에게 성냥불을 그어댔다.
한 순간에 불이 붙었다.
아무도 상처를 입은 사람이 없었고,
고통을 당한 사람도, 비명소리도,
울부짖음의 소리도 들리지 않았다.
그리고 거기에 있던 모든 사람들은 말했다.-
축하
축하.
축하를-

가리브다스는 0이다.

가리브다스는 가축들이 풀을 뜯게하고
매우 울적한 기분으로 도랑을 지나고 있었다.
그의 앞에 갑자기 두 명의 거구가 버티고 있음을 알게 되었는데,
그들을 부자들로 보기에는 신사처럼 여겨졌으나,
가난한 자들로 보자니, 갓 출옥한 죄수같아 보였다.
그들의 머릿속에는 많은 계획들로 가득 차 있는 듯이 보였고,
손에는 기름으로 범벅이 된 막대기들이 쥐어져 있었다.
그들이 말하기를-
이봐, 가리브다스 !
우리가 너를 가난으로부터 벗어 나도록....
그래서 네 문제를 모두 해결해 줄게
그런 의미에서 오늘 잘 만나게 되었네.
마침 잘 만났구만 !
불쌍한 가리브다스는 무서워졌다.
그가 속으로 생각하기를-
이 자들이 마을의 얼마나 많은 여자들을 강간하였던고!
그리고 얼마나 많은 사람들을 죽였었나!
그런 그들이 이제는 내 목숨마저도 가져가려고 하네.
오늘만이라도 신이 나를 구해주셨으면 ...
- 이봐, 형씨
왜 아무 말이 없는거야, 가리브다스?
우리가 너를 가난으로부터 벗어나게 해줄 수

있다고 제안한 그 문제, 생각해 보았는가.
가난의 경계선이 그대로 존속된다 할지라도
우린 가난을 벗어나게 해줄 수 가 있단말야.
가리브다스가 물었다.-
당신들이 어느 정도 선에서
나를 가난에서 벗어나게 할수 있단 말이요?
1/2 피트 쯤 ,.. 그런데 왜 그렇게 두려워하는거냐?
너에겐 이 좋은 것을 얻는 것이
다른 어느 것을 얻는 것 보다 더 기쁜 일 일텐데..
너는 가난의 경계선에 대해 알고 있느냐?
나으리, 저는 결코 본 적이 없지요.
가난의 경계선을...
-그래, 그렇지!
자네는 미친 놈이야, 맞아.
먼저 자네는 머리에다
풀을 넣어두어야 하잖아.
가리브다스 자네 말야 ,아주 흥미진진한 사람일세, 그려!
봐, 앞을 봐라!
저것이 바로 가난의 경계선이란 말야.
-나으리, 저것은 어디에 있나요?
-저기를 보게, 여기에서부터 매우 멀리 있지.
-그가 말하기를,
나의 앞에는 황무지가 있을 뿐이야.
아무런 경계선도 보이지 않네요, 나으리.
-와, 형씨 와 와,

미스터 가리브다스!
자네는 훌륭한 선택도 하고,
흥미로운 사람이군 그려!
자네는 레카(Rekha)와
헤마리니(Hemalini)같은
영화배우에 대해서는 알고 있겠지,
그러나,가난의 경계선은 모를거야.
이봐, 나는 너를 인정하지 않을거야.
- 정말로 ,저는 그 경계선에 대해서
아는 바가 없어요.
제발 저에게 말씀 좀 해 주시지요.
-자 앞을 보렴, 하늘이 보이지?
-보여요.
- 땅이 보이니?
-보여요.
-이것 둘 다 저기에서 만나지?
저 경계선이 보이지.
예, 보여요, 사합.
이것을 여러번 보았어요.
-좋아, 가리브다스,
바로 여기가 가난의 경계선이야.
7대가 대물림하여 내려오고 있잖아!
너는 달려 갈거야.
달려서 갈거야.
그러나 거기까지

결코 도달하지는 못할거야.
그리고 거기에 도착해서 그 경계선을 넘을 수 있을 것 같으냐?
저기에 있잖아.
바로 저기, 저기에 있게 될거야.
그러나 너는 우리에게 복종하는 사람이잖아.
그리고 마침 좋은 시간에 우리는 만나게 된걸세!
우리는 50%보다 더 커미션을 챙겨줄테니까....
그리고 너를 가난의 경계선에서
벗어나게 해줄거야.
가리브다스!
수평선의 경계는 -지워질 수 있어,
그러나 , 이 경계선은 제거될 수 없어, 우리 인도에-
어떤 가난도 없앨 수는 있어.
그러나 가난한 자의 경계선은
지워질 수 없단다.
너는 지금까지도 이러한 것들에 대해서
알지 못하고 있어.
너는 그 경계선을 넘어서는 것을
알지못하고 있어.
그리고 너는 경계선 아래에 있는거야.
우리가 반대상황으로 되돌려 놓을게.
우리가 경계선 아래로 내려갈테니,
그러면 너는 인생을 즐기게 될거야.
네가 경계선을 넘어 위로 올라서게 될거야.
가리브다스는 워낙 무식한 자 였다. 그가

전보다 더 무식하다는 것을 나타낸 것은
그가 아무 거리낌 없이 말하기를-
가난의 경계선이라는 것이
우리 주인 어르신댁의 베란다
높이 같은 것인가요?
아냐,이 어리석은 사람아, 아니야.
가난의 경계선이라고 부르는 것이
어째서 네 주인댁 어르신 베란다
높이와 같을 수 있겠나?
그것은 단지 네 부인의
발 사이즈 높이만큼에 지나지 않아.
그것은 너의 암소를 잡아매는
장대만큼의 높이, 경작하고 난 후
남겨진 쓰레기 더미의 높이만큼이나...
말하자면 가난의 경계선은
그리 높지 않다는 거야.
그러나 가난한 자에게는 아직도
그들 스스로 올라설 수는 없다는 뜻이기도 해.
너는 뛰어 넘어 극복하게 될거야.
그러나 한 순간이라도 멈춘다면
가난의 경계선에서 곤두박질 치게 될걸.
그러나 우리는 한 달만에 너를 들어 올려 주게 될거야.
우리가 가난의 경계선이 있는 그 높이에
너를 앉혀놓게 될거야....
그때 너는 말할거야.

와! …예전보다 더 얼마나 좋은 위치에
있게 되었냐고!
가리브다스가 말했다.-
그러나 내가 무엇을 해야만 할까요?
-기다려 봐
기다려 봐,
우리가 해야 할 것을 이야기해 줄테니까.
첫째로, 너는 이 풀을 왜 가져왔는지 말해봐.
-나으리,
저에게는 암소 한 마리가 있어요.
-네가 그 암소를 산 것이냐?
-아닙죠, 나으리!
저의 처남이 준것입니다요.
-너는 왜 솔직하게
처남의 것이라고 말하지 않았지?
그것은 너의 것이라는 뜻이겠지…
좋아,
그렇다면, 암소의 한 쪽 귀를 가져와.
잘라서,
우리는 그 귀에 대한 값을 쳐서 줄거야.
그리고 그 돈을 벌 수 있게 될거야.
-그러나 나으리, 어떻게
암소의 귀로 돈을 벌수 있게 될까요?
-이것은 너에게 해줄 다른 이야기이나,
실제로 동물을 사기 위해 I.R.D.P 라는

이 정부의 융자제도를 이용하게 되는데....
그때 만일 동물이 죽거나,
동물의 귀를 잘라 가져 가면
보험 회사는 너에게 돈을 줄거야.
우리는 그 보험회사 직원에게 얼마만큼의 뇌물을 줘야 해.
그리고나서 우리가 그 중의 일부 돈을 갖고,
나머지 돈은 너에게 줄거야. 그러니까 너는 암소의 귀로
돈을 벌게 된다는 말이지.
가리브다스의 처남이 말했다.-
저는 목숨을 내 놓을 수 있어요.
그러나,
암소의 귀를 주지는 않을겁니다.
-왜 너는 주지 않을려고 하는거냐?
-첫째로, 암소는 귀 자르는 것을
용납하지 않을 것입니다.
그리고 두 번째로,
귀를 잃고 나서 나의 암소의 몰골은
흉칙해질 것입니다.
-그래? 그렇다면.....
그런 이유로 암소의 얼굴 때문에
우리에게 귀를 주지 않을것이라고?
그렇다면 너의 암소를 일본으로
뷰티콘테스트에 내 보낼 작정이냐?
어떤 숫소가 너희 암소와 결혼하려고
선을 보러 온다고 한다고 하던가?

아이고 이 사람아, 네 암소는 그저 집에 있을 뿐이야.
그러니까 설령 귀를 자른다해도, 아무 걱정할 것이 없어,
그리고 너는 네 암소가 결혼하지 못할거라는
쓸데없는 걱정을 해서도 안된다니까...
우리는 너에게 귀에 관해서는 묻지 않을테니.
너는 왜 그렇게 두려워하는건데?
암소가 귀가 잘리고 난 후에
밀크공급을 중단하지는 않을까?
또는 귀가 먹지는 않을까?
아이고 ,이보게 가난한 자!
너는 여지껏 너의 암소를 오랬동안 잘 지켜 왔잖아,
그러나 너는 그 암소에게서 어떤 다른 이익도 제공 받지 못했잖아!
그것은 새의 날개를 없애는 것과 는 다르지
날개없는 새는 날 수 없을거야.
우리는 단지 귀를 자를거야. 그래도 암소는 여전할거야.
예전과 같이 아주 잘 살아 있을테니..
좋아, 그렇게 하지,
가리브다스가 처남에게 귀에 관한
설명을 하고 난후, 처남은 동의했고,
그는 그의 소의 한 쪽 귀를 잘랐다.
그 결과는 매우 좋아지게 되었다.
가리브다스와 그의 처남, 두 사람은
가난의 경계선위로 올라가게 되었다.
정부로부터 4000루삐를 받아내어
그들에게 400루삐를 주었다.

그들은 기뻐했다.
몇 벌의 옷가지와 먹을 것들,
달(dal)* 아따(aata)**…
음식을 만들기 위한 기계(wok)등을 샀다.
그리고 나머지 돈으로는
술을 마시는데 소비해 버렸다.
그러한 일이 있고나서 열흘밖에 지나지 않았다.
열흘 후 그들은 다시 가난의 경계선 아래로 내려오게 되었다.
만취상태에서 처남이 말했다.
매부, 이게 마지막 잔입니다.
이것을 네가 마셔버려!
- 무슨 말 하는거야, 처남
한 병 더 가져 오란 말야!
-나는 이제 돈이 다 떨어졌어요.
어떻게 더 사올 수 있단 말예요?
매부,
지금 제가 어떻게 내 암소한테
술독에 빠져 있는 얼굴을 하고
갈수 있겠수?
암소도 그 모습이 변했겠지요.
사실상 암소가 다른 귀도 잃게된 후에는
새로운 모습이 되겠지요.
그리고나서, 는 암소의 다른 귀도 잘랐다.

---

* 달(dal) : 녹두, 팥, 등의 곡식을 푹 끓여서 스프의 형식, 우리 음식의 국종류
** 아따(aata) : 인도인의 주식으로 사용되는 밀. 껍질째 빻아서 가루로 만든 것.

이번에도 정부에서 4000루삐를 얻어냈다.
그러나 이번에는 건장한 사람이
그들에게 단지 200루삐만을 주었다.
그들은 닷새동안을 흥청망청 즐거이 보냈을 뿐 이었다.
엿새째 되는 날 돈은 바닥이 났고,
그들은 다시 가난의 경계선 밑으로 내려가 버리고 말았다.
어느 정도의 날들이 지났다. 그러나,
가리브다스의 처남은
아직도 술에 쩔어 지내고 있었다.
그는 어느날
건장한사람 앞에 가서
울면서 애원했다.-
나으리, 제발 저를 한 번만 더
다시 가난의 경계선 위로
들어올려 주십시요
건장한사람이 말했다.
이보게, 가리브다스의 처남!
자신의 몸이나 잘 건사하게나.
너의 암소의 귀는 단지 두 개 뿐이었어.
우리가 그것들을 다 처리해 주었잖아.
그리고 이미 두 귀에 대한 가격을 다 지불했지?
그 밖에 뭐가 더 남아 있다는거야?
이제 여기서 꺼져 버려 , 어서!
처남이 말했다.-
나으리,

저는 빈 손으로 온 게 아니었어요.
다시 두 개의 귀를 더 가져 왔어요.
-가져왔어요. 다시
오호.... 네가 귀를 가져 왔다면
우리는 너의 문제를 해결해 줄거야.
그리고 너의 가난의 경계선을
들어올려줄 수 있지.
처남은 두 개의 귀를 보여 주었다.
헝겊을 풀고서 귀가 보였다.
그때 건장한 사람이 그것을 보자마자
매우 소스라치며 , 당황하였다.
이번에, 그는 사람의 귀를 가져왔기 때문이었다.
건장한 사람이 가리브다스의 처남에게
큰소리로 소리쳤다.-
이보게,
이 귀들은 누구의 것을 가져온 것이냐?
아무런 망설임도 없이,
처남이 말했다.-
매부의 귀를 가져 왔습니다.
또 다른 건장한 이가 말했다.-
지금 우리가 무슨 말을 해 주어야 만하나?
오늘날 전 세계 어느 곳에서라도,
모든 사람들이 자기 안위를 위해
살인을 자행하고 있다.
이는 그들의 과대한 욕심 때문이다.

그러나 가리브다스의 처남이여!
너, 너는,
너의 매부의 귀를 잘라오다니!
네가 아다시피
정부에서는 동물의 귀들은
돈을 지불해 줄 가치를 두지만,
사람의 귀에 대해서는 아무 가치를 두지 않아!
그러니 너는 여기에서 어서 도망가거라.
다른 곳으로 !
그렇지 않으면 , 나는 너를 세게 두들겨 패줄테니까.
그래서, 사람들이여!
부패의 상징을 귀가 없는 동물을 수색함으로서,
가리브다스는 인내의 상징으로서 그 위치를 견디어냈다.
스스로 귀를 자른 가리브다스는 오늘도 방황하고 있다.
그리고 가난의 경계선 아래에 머무른 채.., 아직도.
매우
매우
매우
그는 어둠만이 있는 그곳에서 거의 마지막을 맞이하는 듯.
귀가 없는 가리브다스는 지금 더욱 더 슬프다.
역시 자신의 귀없는 암소를 위해 풀을 가지러가고는 있으나…

---

* 이 작품에서 아쇼끄 짜끄르다르는 인도의 가난한 상황을 극랄하게 묘사하였다. 또한 인도 도처에 만연해 있는 부패와 가난한 자들이 몇몇 모사꾼들에게 착취당하고 있음을 폭로하고 있다. 그들은 가난한 자들에게 얼마 안되는 돈으로 술에 중독되게 한다거나 또는 욕심을 내도록 조장 한다거나 나쁜 일들에 물들게 하게끔 만들고 있다. 그래서 인도 사회 구조 자체가 인도에서 가난이 뿌리채 뽑아질 수 없을 것 같다라는 것을 말해주고 있다. 그러므로 이 작품은 독자들에게 조용하면서도 진지하고 깊이 생각해야 할 메시지를 우리에게 던져주고 있다고 말해주고 있다.

진실의 결과

'사뜨야브라뜨'(Satyabrat)라고 불리는
매우 단순한 청년이 있었다.
그는 한 번도 나쁜 일을 한 적이 없었으나,
어떻게하면 사회에 만연된 나쁜 악을
제거해 버릴 수 있을 까에 대한 생각을 늘 하곤 했다.
모든 사람들은 알고 있었다.
'사뜨야브라뜨'가 리포터로서,
결코 거짓을 말하지 않는다는 것을,
그는 생각해 보곤 했다.
항상 악이란 어둠 속에서
왜 급속히 아무도 모르는 사이에 성장해 버리게 되는걸까? 라는…
진실은 거짓이 각인 되어진 범위 내에 있다.
실제로 일어난 일들이란
범죄를 수용하게 됨으로서 발생하게 된다.
그는 언제나 초조한 마음이
더욱 더 들어 불안해 지게 될 때,
그의 마음 속에 있는 총에
방아쇠를 당겨 버리곤 한다.
미스터 '사뜨야브라뜨'는
스스로를 있는 그대로 보여 줄 뿐 만 아니라,
진정으로 어렵고, 슬픈 일에 고통을 함께 느끼곤 하였다.
그의 내부 심장에서 끓여진 열기로서

만들어진 뜨거운 얼굴을
냉정한 모습인 듯, 초연한 모습을 보여주곤 했다.

어느 날엔가 끓고 있는 물은
반드시 위로 넘쳐 나오게 될 것이다.
그는 그 범죄를 도저히 참아낼 수는
없을 것이라고 생각하곤 했다.
바로, 지금 그의 피 속에 광기어린 열기가,
막 끓어 오르고 있는 중이었다.
그리하면, 그가 하고 싶은 말을
무엇이든지 거침없이 말하게 되리라.

왜 당신은 지나치게 방해를 하기 만 하는가!
너의 일이나 똑바로 해라!
그렇지 않으면,
사회속에 동물들이 너를 먹고, 너를 없애 버릴 것이다.
사람들은 이와같은 말을 자주 말하곤 했지….
그들의 동굴에서 잠자고 있는
위험스런 동물들은 깨우지말라고….
그리고 너의 일에나 최선을 다 하라고!

때로 진실은 사람들을
악과 어려운 궁지속에
몰아 넣기도 하지….
때로는 서서히 발자욱이 다가오듯이,

때로는 강제로 돌로 때리 듯이 급격하게,
모든 사람들이
그를 보며 말하곤 한다.
어떻게 단지 혼자서
온 세계와 싸울 생각을 하느냐고,
온 세계와 싸울 수 있겠느냐고-

그는 그의 아내에게 말하였다. -
나는 세계를 반드시 변화 시킬 것이라고,
그는 어느 누구도 가난한 자들을
약탈하거나, 괴로움을 주는 것을 원치 않았다.
그러나 어느 날인가에는-
몇 명의 나쁜 사람들이
가난한, 그들을 잔인하게 죽여 버렸다.

너무나도 잔인한 장면 이었다.
모든 사람들은 두려워서 떨고 있었다.
그들을 죽인 후에, 이 사람들에게
어떠한 일들이 일어나게 될 것인가를…
바로 이것이 진실의 실체, 그 결과이다.
우리는 모든 이들에게 물었다.
이러한 일이 얼마동안이나
지속될 것인가를…

게다가 진실과의 싸움에서

희생자가 된다면, 우리 모두
그의 죽음 앞에 증인이 되리라.
그는 항상 우리에게 진실에 대해 설명해 주었다.
그리고는 마침내 죽임을 당하고 말았다.

그는 죽었으나, 모든 이에게
진실을 지키기 위해서는
싸워야 만 한다는 것을,
그리고 사회에 만연된
악을 제거 시켜야 만 한다는 것을,
그는 모든 사람들에게
왜 우리가 투쟁을 계속 하여야 하는가에 대한
메세지를 던져 주었다.

네가 투쟁하는 것을 멈추게 되면,
너에게서 모든 것이 없어져 버리게 될 것이야.
알코홀의 필요성도 없어져 버리고,
묶인 쇠사슬에서도 벗어나고,
굶주리는 극빈자들의 운명도
변화되기 시작할 것이다.

우리는 자유로운 인격체야.
그러나 몇 몇 다른 사람들은
우리의 이 자유를 사려고 해.
전혀 인간미 없고, 남의 말을 들으려 하지 않는자들!

그들은 가난한 자들의 노동력을,
착취해 돈을 벌어 들이고 있으니…
그들의 돈은 어느새 두 배로, 세 배로, 점점 더.

여러 개의 얼굴로 사람을 대하는
부정직한 사람들이 더욱 더 타락하게 되면,
수 많은 사람들이 그를 애써 불러도,
그는 귀먹은 벙어리가 되어 버리고 말게 될 것이다.
지금 만약 당신이 분노가 극에 달하게 된다면,
입술을 열고 , 그들에게 외쳐라!

이 투쟁은 계속 될거라는 말을,
끓고 있는 물이 우리 동맥속에 흐르고 있나니,
그가 죽고 난 후에'사뜨야브라뜨'의 사명감,
그에 대한 우리의 책임감의 불꽃은 영원히 식지 않을 것이고,
그 정신은 더욱 더 불타오를 것이리라!

가정은 가족에 의해서 만이….

집은 문이나 벽들로 만
만들어지는 것이 아니다.
집은 가족이 모여 이루어지게 된다.

어떤 이는 좋은 집을 지으려고
많은 돈을 낭비하나,
아무도 거기에 와서 살지 않게 될 것이다.
그 때의 집이란,
단지 거미-그물망에
불과한 것으로 존재하리라.

집에 할머니도 손자도
그 누구도 없을 때
그 집은 내부에서 울어 제끼는 울음소리에,
집은 아이들로 북적일 때
웃음 꽃이 핀다.

네가 살아 숨쉬고 있다고 하나,
아직도 오빠는 올케와 다툼을 그치지 않고서,
그러한 상황에 다툼의 연속이란,
언젠가는 점점 그 정도가 지나쳐 일이 벌어지게 되고,
집은 엉망진창인 채로 가득차 있게 되리.

만약에 벽돌들을
사랑으로 만들었다면,
형제애가 가장 밑바닥에 깔리게 될 것이고,
어깨는 지붕들을 받쳐주게 될 것이다.
심장의 창에서 불 빛이 나올 것이고,
그때의 집은 지진으로 부터
아무런 충격도 받지 않으리.
집은 문이나 벽들로 만
만들어지는 것이 아니다.
집은 가족이 모여 이루어지게 된다.

결단력

오! 주저앉힘이여!
내가 울고 난 후 나를 여기에 앉히겠지.
너는 환영(illusion)으로 만 존재하지.
나는 바로 그때 걷기 시작할거야.
헤이, 산이여!
너는 얼마나 나를 멈추게하려고 방해할 것이냐?
나 또한 '나'야.
내가 죠크한다고 생각지는 마라.
헤이 전기야!
너는 거기 빛이나는 곳에서 이와같이 나비를 죽일거야.
정원은 불탔고, 나비들은 홀로 남아 있게 될거야.
'네가 원하는 것이 무엇이든, 너는 할 수가 있지
나의 새로운 에너지들은 안으로부터 자라고 있을테니까.
어린 나비들이 다시 날기 시작하게 되는 것을 보게 될거야.
오, 태풍이여!
너는 나를 죽일 수 있고,
나의 신체를 부러뜨릴 수도 있다.
들어봐라, 전장터애서 ,이 일을.
진실한 인간이 가고 자 하는 길을
바꾸어 버리려고 하는 일이
얼마나 어려운가를.
헤이 폭풍우여!

너는 나와 함께 나쁜 일을 만들려고
상당한 노력을 하였지.
나의 주위를 춤추며
여기 저기 돌아다니곤 했지.
너는 행복을 훔쳐가는 도둑이야.
그러나 너는 듣거라,
나 또한 나의 안에 들어 있는
간디처럼 사람들에게 강한 힘을 줄테니까.
헤이, 바람이여!
너도 나를 바꾸어 보려고
매우 애를 썼다는 것을…
만약 네가 원한다면,
너는 망가진 집으로 작은 묘목으로 만들어라.
그리고 흘러 가도록 해라-
어떻게든 네가 흘러갈 수 있게 더 보태어서,
그러나 들어라,
이것은 "뚜르시"* 가(성스러운 나무로 여기서는 상징하였음.)
이 땅위에 다시 자라날 수 있도록.

---

* 뚜르시(Tulsi): 여기서는 성스러운 나무로 상징하였음. 뚜르시는 힌디문학사에 있어 중세 박띠문학 시대의 람을 숭앙대상으로 종교시를 썼던 사군박띠문학의 대표적인 시인이며, 인도에서는 섹스피어와 같은 존재의 시인으로 알려져 있다. 그의 람에 대한 절절한 흠모, 사랑을 성스런 종교시로 나타낸 람을 향한 사랑의 표현을 나타낸 그 성스러움을 인용하였다.

당신의 실패

어린 아이가
어떤이의 손가락을 세게 잡고서
그의 손아귀의 힘을 당기기도 하고, 놓기도 하며
재미를 느끼고 있다.

아이야, 네
손가락을 빼내려고 애쓰지만,
아마 너는 쉽사리 뺄 수는 없을 것…
손아귀에빠져 나오려고 애쓰지만,
빠져나오지 못하는 너의 실패에
그는 미소 짓는다.

그리고 손아귀에
더욱 더 강한 힘을
꽉 조이며,
이제는 그가 재미를 느끼고 있네.

---

* 관대함, 포용력, 감사하는 마음

마쇼의 엄마

사거리에서 토마토를
파는 마쇼의 엄마

그녀 얼굴에 지워진 주름 숫자만큼이나,
가득 채운 바구니에 토마토를 담아
바구니엔 토마토만이 아닌 사과도..
그녀에겐 이것이 사과로서가 아닌
진주와 다이아몬드와도 같이 귀한 것.

그녀는 너덜거리는 사리를 걸치고
 토마토를 씻고 또 씻어…
사려는 구매자들을 귀한 손님으로 여긴다.

갑자기 그녀가 떨이 세일에 돌입하게되면,
눈병이 나, 잘 보이질 않을 것 같은데도 …
동전이 가짜, 진짜인지를 확연하게 구별하고,
토마토를 양에 맞게 계산하여 하나씩 하나씩
꼼꼼하게 집어 넣는다.
구매자가 흡족해 할 때까지-

그녀가 저울에 달다가 ,
땅에 떨어 뜨린

토마토마저 집어 넣어 줌으로서….

해가 뜨면 그곳에 와서
해가 지면 그곳에서
집으로 돌아간다.

그녀는 매일같이
한 바구니
그득한 토마토를 가져와 판다.

어느 곳에서나 연기만이

여섯번 째 지원자 원서에
펜촉의 잉크를 느긋하게 묻혀
다시 지원서를 보고,
여덟번째 지원자의 이름을
쓰기 시작했을 바로 그 때,
내가 잘못 부르지 않았다면
그를 세번째로 불렀으나,
그는 아무런 동요조차도 없었다.
지원서는 내가 가지고 있기 때문에
그의 대한 신상이 모두 들어 있어서
그외 다른게 필요치 않다면,
무엇 때문에 이런 절차를 거쳐야 할 것인가?
나는 다시 반복해서 불렀다.
-왜 나를 자꾸 귀찮게 하려는 거야?
-이것을 보아라, 그것이 지원서이다.
-그래요, 맞아요, 지원서입니다.
그러나 네가 지원하기 위해
계속 서서 기다리면서,
선호하는 분야를
표시하지 않은 것을
알고 있기나 하는거냐?

이 페이지부터 다음 페이지로 넘어가는 곳에
매니저의 싸인을 적을 때마다 많은 사람들은
누가 얼마를 받고 누가 무슨 일을 하느냐고
꼬치꼬치 묻곤하는 것을 너는 알고나 있는지?

바로 지금 네가 여기에 와서 나에게
너의 이름을 9번째로 올려 달라고 그러면,
누가 네 이름 다음 순서로 바꿔줄 생각을 하겠느냐?

좋아, 어찌되었든지 나는 오늘 너의 이름을
여기에 올려 놓을 수가 없어.
바른 길을 좇아 갈때까지-
그리고 나는 그대로 서 있을거야,
지금까지도 똑바른 통로를 통하지 않고,
그리고
거기에는 척추의 모양이 U 자 유형인
곱사등이 돌출된 , 그 사무원이-
이미 하루의 거의 8시간을
책상을 차지하고,
안경 너머로 바깥세상을 내다보며
말하기를-

이봐,
바보같이 여기서 무엇을
하고 있는거야!

너는 이 종이들 밑에 눌려있는 차입금과 요금(fees)이 보이지 않는거냐?
그리고 낡은 레인코트를 입은 이가
"샤르마씨(Mr.Sharma)너무 오랜만이지요?
새 것을 나와 바꾸실래요? 라고하는 말을….

그의 보스들에게 무슨 뇌물을 줄 것인가를 물으며 ,
기름진 배를 요구하는 것이 보이지 않는다는거냐?
제발 그 집안의 상태를 고려해서 그에게 무엇인가 줘라.
돈이나 뇌물이나-
보아라,몇 사람이 피곤에 지쳐 나가떨어지는지를 ,
등산하는동안에
그리고 거의가 쇠약해져 버렸는가를…
그리고 그가 뇌물과 돈을 획득한 후에는
얼마나 모든 일에 흥미를 가지고 사는지를…

왜!
말해 -봐라! 말해 -봐라!
이 삔-쿠션(pin-cushion)이 보이지?
보아라,삔의 머리위에 앉아 있는 못들이 몇 개나 되는지를..
그 삔은 쿠션의 피부속에 스며 들게 되리.
그리고
생각해봐라,
그 이후, 만약에 내 홀더의 펜촉이 너의 주머니를 찢었을 때
왜 너의 눈은 나의 불쌍한 상황을 가늠해 볼 수 없는거냐?
나의 간절한 이 욕망들을…

이해하지 못한다고

말을 해라 말을 해!

무엇이냐고, 흠…!

좋아 ,그렇다면 가장 먼저 사장 또는 해드를,

그리고 매니저와 ,그리고나서 주요 간부 (chief officer) 를 만나라.

그리고 내일 모레 와라 .

안돼, 안돼

모레는 안되지, 16일에나 와라.

라루아(Lalua) 가 나의 어깨를 툭 치면서 묻기를,

"너의 흰셔츠와 바지가 왜 그렇게 반짝 반짝 빛이 나는거냐" ? 라고-

나는 대답하기를-.

> 어느 곳에나 연기만이
> 자욱할 뿐이라고.

---

* 시인 아쇼끄지는 여기에서 정부기관의 부폐상을 묘사하고자 하였다.여기에서 그는 정부의 한 기관에서 지원자들이 그의 이름을 명단에올려놓게 하려고 사무원에게 사정하는 장면을 묘사한 것이다. 정부 사무원은 그들의 이름을 금방 리스트에 올려 주지 않고 있다.사무원이 정직하여 지원자들이 제 시간에 맞춰서 오고 제대로 올바르게 줄을 섰다고 할지라도 그들은 언제나 자신의 의지대로 하기보다는 그들의 보스들이 두려워서 눈치보기에 급급한 실정이다.
* 삔과 쿠션(pin and cushion): 정부에서 일하는 사무원은 그 스스로를 삔과 쿠션에 자신을 비교하고 있다. 삔들은 쿠션속으로 스며들어가그들의 머리를 무겁게하고 많은 책임감을 가지게 된다는 의미를 나타낸 것이다.
* 여기에서 사무원이 말하기를 나는 돈을 줄 수 있느냐고 묻는거야? 왜냐하면 후에 나의 보스들이 나에게 너는 그 많은 지원자들을 취하면서 얼마나 많은 돈을 요구했느냐고 물을 것이기 때문이야.!

그러기에… '카째라' (Khachera)라잖아….

그의 굶주림은 곡식이 수확되는 4월(인도력: 채뜨, chatt)에
이르러야 비로소 굶주림의 허기에서 헤어나게 된다.
만약에 추수 과정과 탈곡 과정이 지나 시간이 흐르면,
곡식이 모두 소진되어 버린다.
그때 그의손목,팔은 밀가루로 만든 돌 바퀴 모양으로 돌아간다.
탈곡후에는 원래 오일로 사용하였던 화로에
마른 곡식 찌꺼기등..나무로 불을 붙여 자빠띠를 굽는다.
사 나흘을 이렇게 자빠띠를 먹었음에도 ,
등과 배는 굶주림의 허기로 ,1-2센티미터 차이도 나지않게
일직선으로 된 막대기와 같이 더 가까이 붙여진 몰꼴이다.
그는 집의 마루를 고치면서
비리를 피는 것을 즐긴다.(인도담배, 비리: billi)
집 뜰에는 새들의 지저귀는 소리로 가득하다.
윤기없이 드라이한 머리카락,
그러나 그의 얼굴은 오일을 바른듯이 번쩍인다.

그러나 4월(인도력: 채뜨, chatt)달에 ,4일이 지나면
고리대금업자(money lender) 는
그가 빌려준 돈과 이자를 챙기러 들이 닥친다.
그러면 빌린 돈의 이자를 내고, 그 빚을 갚기위해
그의 집에서 팔만한 가치가 있는 것을 헤아려본다.
아이들 학교에 내야 할 수업료(fee)도 있어야 하고,

또한 집에서 키우는 동물의 사료를 사야만하고,
논, 밭의 관개에 필요한 물공급에 관한 언쟁도 해야 한다.

무엇을 말해야 하고,
누가 말을 들어줄 것이며,
누구에게 말할 것인가?
결국 빠른 시간내에
그가 지녔던 모든 동물들이
빚을 위한 이자로 지불될때
문제가 비로소 해결 되어진다.
'카째라'(kachera: 매우 가난한 사람의 이름)는 그의 머리를 스스로 때린다.
'카째라' 는 그의 머리를 때리며 말하기를, -
누가 농토를 반으로 나누어서 경작한단 말인가?
누가 가족의 생계를 책임질 것 인데?
이제는 꼬리와 수염 두 가지밖에 없는 가족만이.

동물의 발자욱 표시만
남겨져 있을 뿐인 농토에…

그리고 남은 나머지의 것들-

오두막안에 놓여있는 다리가 세개뿐인 보조침대
너덜거리는 옷가지들,
할아버지는 그의 농토가 잘라져 나간 것을 알았다.
고리대금업자의 트랙터(tractor)는
우리 농토의 경계선, 우리들의 운명이라는
두 가지 모두에 침식하고 있었다.

경작지의 재개발화가 일어나기 시작했다.
그들은 어느 곳에서나 그 일을 단행하였다.
무슨 일이 일어났는데?

그 일이 일어났다고 공고가 났었든가?
그의 문에도 붙여졌고?
그것은 우리의 운명이었다.
노인네는 문짝에 머리를 대고 부딪쳐 상처를 냈고,
늙은 아낙네는 그것을 보고 울부짖었다.

그날이후
노인네가 안으로 들어가려고 그 문짝을
노크하는 일이 없어졌고,
그것을 노크한 후에 기침소리로 대체되다.
그는 기억하기를-
늙은 아낙네가 말하기를-
"아이고, 노인양반,
당신의 짙은 가래가 한꺼번에 들어와
우리 배수구가 막혀 버렸어요.
또한 바로 그날에 당신의 지팡이가
배수구에 흘러 들어왔지 뭐예요?
노인네는 트랙터로 뛰어 들어가
그 또한 문짝에 나가 떨어져 죽음을 당했다.

4월(인도력: 채뜨, chatt)이 막 시작되려고 한다.
그리고 그의 임금은 이미 삭감되었다.
언제나 그랬던 것처럼,
농토에 곡식들은 다시 익어갔고
그들에게 돌아오는 양이 더욱 더

적어지게 됨을 이미 알고 있었다.
언제나처럼
그의 임금은 고리대금업자의 집에
거의 다 주어야 만 되는 형편이었다.

'카째라'는 다시 또 다시
그의 머리를 때리고 또때렸다.
그는 마을의 여러 일들에 올가미로 얽혀
우두머리의 위치로 역할을 맡게 되었다.

나름대로의 그의 계산은 2년까지는
종합적인 일들을 병행한 후에
임금을 25Rs 에서 200Rs 로 더 올려봐야겠다는
다른 종류의 복안이 있었다.

그리고
고리대금업자에게 돈을 빌리는
그와 같은 가난한 자들은
아주 적은 빚 때문에
가치있는 재산에 약조를 하게된다.

고리대금업자, 그들은
당신들 이외에 도움을 줄 수 있는 자는
아무도 없다 라고 생각하였다.
(카째라 그는 집을 지니고 있으며, 아무리 열심히 일을하여
그 댓가로 받는 돈이 자신의 것이 아니라는 것을 이미 잘 알고 있었다.)

그가 농토를 나누어 일을 했을 때,

그에게는 단지 전체 수확이 얼마가 되든지
그 중에서 16%만이 그의 몫일 뿐이었다.

'카째라'- 그는 카운팅을 시작하였다.
이 씨의 값은 얼마이고, 이 만큼의 비료들,
이것은 관개를 위한 것, 이것은 나머지
그리고 곡식에 대한 25%의 이익금.

소와 쟁기는 내 것이었으니까….

자, 이제 계산을 뽑아 보도록하자, '카째라'
나는 추수기에 부과되는 노동력을 지불하여야 만하고,
또한 사무원들에게도 임금을 지불하여야겠지?
농경작을 관리하는 사무원에게도,
마을의 해드(이장에 해당됨:head) 에게도 ,
지불하여야 만 하겠지?
'카째라'
그래서 이제 너는 모두 더해서,
그리고 합산해서 나에게 알려줘라.

고리대금업자시여,
당신에게 경의를 표합니다.
(인도에서 윗사람에게 존경의 표시를 할때에는 그의 발을 터치하고 난후 두손을 모아 고개를 숙인다 Payam laagum, Payam laagaum Bonre)
나는 당신에게서 만 자빠띠를 얻습니다.
나 또한 당신의 것이고, 자빠띠 또한 당신의 것입니다.

그는 먹을 것을 향해 집으로 달려갔고,
집은 그를 먹으러 그에게로 향해 돌진하였다.

그는 입을 벌리고 집 앞에 서 있었다.

그리고 집은 입을 벌리고 그 앞에 서 있었다.

바로 지금 고리대금업자는
수입의 50%대신에 25%만을
그에게 주는 것에 동의했다.
'카째라'는 그가 맘대로
부려먹을 수 있는 하인의 신세가 되고 말았다.

그는 고리대금업자의 구두를 윤기나게 닦는 중이고,
그는 빤디뜨의 소 먹이를 주려는 중
그는 사흐씨의 방을 청소하려는 중이고,
그는 라마지야씨의 담배 파이프에 물을 채워 넣어야하고
그는 바이씨의 황소에 로프를 걸어줘야하고
그는 꾸날씨의 말의 안자을 깨끗이해 주어야하는 일등….

-우리집 지붕을 수리해놔라, 카째라!
-우리 로프를 짜놓도록해라, 카째라!
-우리침대를 고쳐놓도록 해라, 카째라!

'카째라'는 그밖에 다른 모든 일을 하였다.
그리고 결국에는 그 스스로 자신의머리를 때리고 있었다.

'카째라'는마을의 회합을 위한
장소를 위해서도 하인의 역할을 한다.
고리대금업자가 말하기를-
'카째라'는 쓰레기이다!
그러므로 불속에 던져넣을 수 있어
또한 고리대금업자는 겨울에
편안하고 따뜻함을 지니게된다.

'카째라'는 마을의 해드(head)가 지닌
동물을 위해 사료를 준비중이다.
실제로 그는 다른 동물들을 위해
그 스스로가 사료가 되었다.

그가 집으로 돌아오는 도중에
길에서 집을 만났다.
집은 '카째라'의 집안에 있는 빈 스토브(캐로진오일이 전혀 없으므로)가
보여 주듯이
자신의 배를 보여주었다.

그리고나서 보니,
집에 그의 앞에는 빈 접시가 놓여있었다.
집은 말하기를-"나는 몹시 배가 고프다."
접시들이 매우 큰 소리로 말하였다.그리고
그의 말들이 다시 그에게로 되돌아왔다.

'카째라' 그는 두손을 하늘까지 끌어당겨
그의 목구멍에서 중얼중얼거렸다.
그는 버려졌고 또한 다른 것들이
그를 또한 못쓰게 만들었다고….
그는 5개 모두와 4개 반이라는 환타지가 있었다.
지금 그는 울지는 않는다. 그러나 단지 통곡할 뿐…

그의 얼굴은 찌그러져있었고,
그의 손가락사이에는 서로 옭아매어져 있었다.

결국 언젠가는…

결코 울지 않는다고
알려진 암새 한 마리
혼자 있을 때에 만
지지 배배 노래한다네

숫새가 암새에게 말하기를-
“나에게 노래를 조금만 이라도 들려다오” 라고…
그때
암새는
“지금은 안돼 ,
결국 언젠가는 …불러 드리게 되겠지요.”
라고 말한다.

신체의 춤추는 방

그 나무 뒤 편,
어둠이 깔린 곳에서
나의 손들은 그 나무의 피부 안쪽으로
깊숙이 손을 넣어
무언가를 탐색하듯이
위쪽을 향해 가며,
새로운 줄기가 자라난 곳에서 부터
부드럽게 어루만지기도하고,
이리저리 다른 장소로 옮겨 가
자극적인 터치를 하기도 하였다.

나뭇잎들이 흔들거렸고,
나뭇 가지들 또한 떨리고 있었다.
그리고 나무 전체가 실제로 흔들거리며 ,
떨리고 있다.

신체의 춤추는 방
그것은
마치 그물이 짜여지는 듯
엮어지고 있네.

수르시(Sursi)*

당신은 "뜨레따 -시기 "(Treta-Age)**의
숙녀 요정으로 불려진
'수르사'(Sursa)*** 를 기억하리라.
그녀의 입으로 하누만(Hanuman)****이 들어 갔다가
이후에는
갑자기 모기(mosquito)가 되어져
나왔노라고 들었으리라.

일부 신빙성 있는 자료에 의하면,
그 요정에게는 자매도 있었는데 ….
그녀의 이름이 '수르시'(Sursi)*****였다고 , 했다.

---

* 시인은 인도에서의 의자가 갖는 힘 , 파워, 권력에 대한 것을 이야기 하고자 했다. 인간은 누구나 의자를 처음 세팅해 놓고 앉을 때에 누구나 약한 존재이나, 시간이 지나 세월이 흘러가고 나면 그 의자에 앉아서 뇌물을 받게되고 그 뇌물은 부패의 온상을 만들게 되어 그의 지위는 마침내 쌓이게되고 매우 부유해지면서 거대해지게 마련이다. 그리하여 처음엔 모기에서 후에는 코끼리가 되어서 나오게 된다 라고 의자라는 물건을 통하여 모기와 코끼리를 비유하여 인도 사회의 인간의 부패와 타락상을 묘사하려고 하였다.

** 뜨레따 -시기 (Treta-Age)':옛날 인도인은 이 세계의 탄생과 소멸이 정기적으로 반복된다고 생각하여그 시기를 4개의 시기(유그)로 분류했다. 꾸르따/뜨레따/드와빠라/깔리시기(유그) 이다. 최초의 꾸르따유그는 다르마가 100% 행해지고 있는 황금시대이고, 두 번째 뜨레따유그는 다르마의 사분의 일이 없어지는 시기라고 하였다.

*** 수르사 (Sursa): 뜨레따 -시기 (Treta-Age)에 숙녀요정으로 알려진 인명이나, 상세한 이야기를 소개할 수 없음을 안타깝게 생각함.

**** 하누만 (Hanuman):인도의 2대 고대서사시중 라마야나(Ramayana) 에 등장하는 원숭이로 그는 주인공 람을 돕고 지혜를 펼치는 하누만신으로널리 알려져 있다.

***** 수르시 (Sursi):이 시작품에 나오는 인명을 뜻함

그리고 바로 그 '수르시'(Sursi)는
오늘날에
'꾸르시' (Kursi)* 가 되었다고 한다.

사람은 의자에
모기처럼 들어가 앉는다.
그러나 얼마 후에는
코끼리가 되어져 나오게 된다라고 …

* 꾸르시 (Kursi): '의자' 라는 의미를 뜻함

소변흐름의 법규

언젠가, 너무.피곤하였기 때문에
무대위에 오랫동안 멍하니 앉아있다가 잠이 들었다.
그때 , 나를 일어나게 한
어느 시인이 내 곁에 와서 묻기를-
어디를 가려고 해?
나는 그에게
손가락질을 하며 화장실 쪽을 향해 -
-저기요.

그리고는 무대에서 내려갔다.
내려와서 생각하기를…
열려진 저 곳이 화장실일껄?
아마 틀림 없겠지? ?
그래, 이곳에 소변을 보고 가도 될거야…
다시금 소변보기 적절한 곳을 찾으려고
도로의 끝까지 왔다가, 다시 갔다 하면서
나는 무대 뒤 편에 있는 장소에
소변을 보았다.
거의 소변을 다 방출하게 되었을 때쯤,
누군가가 나의 뒤를
몽둥이로 때렸다.
내가 뒤를 돌아 보았을 때

그는 경찰관이었다.
나는 깜짝 놀랬다.
경찰관은 잔인하게 웃고 있었다.
크게 고함치며 소리질렀고,
그 자리에서
나를 꼼짝못하게 붙잡았다.

내가 말하기를-
　무엇 때문에 그러시는겁니까?

경관이 말하기를-
　소변등의 화장실 일등…
　공공 장소에서 허용이 안되니까,
　지옥으로 꺼지라는 의미란 말이다!

내가 말하기를-
　이와 같은 법규란 없습니다.

그가 말하기를 -
　지금 나에게 법을 가르치고,
　언쟁을 하겠다면,
　당장 나와 함께 경찰서로 가잔 말이다!

그때 나는 버벅거리면서…
　저… 저어 경 경관님,
　저는 시인 입니다.
　제가 시를 들려 드리지요.

당신은 잘못하고 못된 사람들을 잡아가시잖아요!

그가 말하기를 -

너 말고 이전에 너와 똑같이 시인들 이라고 말한
두 명이 여기에 왔었어.
그런데 그들을 그냥 가게 내버려 두었지
그러나 너는 그냥 이대로가게 내버려 두지는 않을거야.
경고하건데,
델리 경찰서 No.95 법규야.
8일동안 구금에 100Rs* 의 벌금이라고 명시되어 있어.
이것에 대해서 당신이 소리칠거라면,
나는 No. 92 법규에라도 적용하겠어.
만약에 당신이 무례한 행동, 또는 행동거지가 나쁘면
No.93법규에도 적용할 용의가 있지…

내가 말하기를-

경관님,
이러한 법규 No.92, 93, 95 가
무엇인데요?

그때 경관은 수염을 손으로 어루만지면서 말하기를-

법규의 흐름들이야.

나는 생각했다 -

와! 와! 아이고, 우리의 법규란 얼마나 웃기는것인가!
아이고! 소변을 보는데에도 법규가 있다니!

그가 말하기를 -

---

* Rs(Rupees) : 인도의 화폐단위

물론이지, 너에게 부과될걸세!
그리고 너는 8일 동안 구금되고
100 Rs 되는 벌금을 지불해야만
하는 벌을 받을걸세.
만약 여기에서 나에게 20 Rs 를 주면
너를 풀어 주도록 하겠네

이제는 두려움에서 조금은 벗어나게 되었다.
나에게 뇌물을 요구한 만큼 풀어줄 수 있다는
조건을 듣고 난 후,
내가 말하기를-

뇌물이라!
뇌물을 주지 않을겁니다.
좋아요, 당장, 경찰서로 갑시다!

그가 말하기를 -

후회할거요,
바로 여기에는 나 혼자 뿐이잖아,
거기에 가면 돈을 먹으려는 경찰서장 이 또 있을 테니..

좋아요, 갑시다!
나는 경찰서로 갔다.
경찰서에 가 자고 있는 경찰서장을 일어나게 했더니,
그는 경관들을 몹시 야단쳤다,
"누가 저 자를 여기에 데리고 오라고 했어"?
약간의 돈을 요구한 후에 그를 풀어 줬어야지…이 사람아!

경관이 말하기를-

어르신!

저는 풀어 주고 싶었으나,
저 자가 돈에 관하여 그 조건을 받아들이지 않았어요.
-그렇다면 저 자가 나중에 결과에 대한 것을 알지 못하고
있는거 아니냐?
FIR이라 써 넣고, 법규 No.25,54,59 가 부과되는 것 ,
그리고
주머니에 칼을 집어 넣어 주었습니다.

경관이 말하기를-

어르신,
이 자는 칼을 운반할 수 있는
사람같이 보이지 않습니다.

경찰서장이 고함치며 말하기를-

왜 너는 그런 바보 같은 사람을
잡아 데려 왔느냐?
그때 16-1-14 Rs 를 부과하고
그의 주머니에 브라운설탕 20g을 넣어두어야지….

나는 그들이 무슨 말을 지껄이든지 간에
감옥에서의 광경을 상상할 수 있었고,
브라운 설탕에 대한 말을 들은 후에

그 때 내가 경관에게 20Rs를 주었다면,
내가 거기에서 단지 20Rs로 만으로도
해결할 수 있었을텐데…
경관에게 거기에서 20Rs로 해결될 문제를 ..
여기로 와서100Rs가 들게 생겼으니…

내가 말하기를-

이봐요,형씨! 차후에 내가
시인 협회로부터 받을 돈이
100Rs 있으니 , 그것을 드리리다.
좋소, 사합.*
어떻게든 경관을 흡족하게
만들어 놓고서
시인협회에 도착했다.
그리고 생각하기 시작했다.
그리고 내 자신의 이름을….
'아쇼끄 짜끄르다르'(Ashok Chakradhar)를 바꾸어서
'쇼끄 짜끄르다르' (shok Chakradhar)라고 만 해 놓다면
그리고 자신의 이름의-
'아'를 경찰서 벽에다 써 놓아둔다면…

거기에 처음부터 쓰여져 있었던 것이_
-"사뜨야메이브 쟈이야때"(Truth wins always)**
내일부터 아마 사람들은 이렇게 읽게 될거야-
"아-사뜨야메이브 쟈이야때"(Un-truth wins always)***

---

* 사합(sahib) : 인도에서 남자들에게 부르는 호칭. 잘모르는 사람 이름을 정확히 알지못하고 불러야 할 경우등. 형씨, 주인님, 아저씨등에 해당 된다고 할 수 있겠다.

** 사뜨야메이브 쟈이야때 "(Truth wins always): 진실은 항상 승리한다

*** 아-사뜨야메이브 쟈이야때 "(Un-truth wins always): 거짓은 항상 승리하지 못한다. (언급한 위의 예문에서 사용된 두 예문에 나타나 있듯이 힌디어에 있어서 접두사로 사용되는것 중에 자신의 어휘 앞에 (-a)가 첨가될 때 그 의미는 부정적으로 사용된다.)

**** 시인 아쇼끄지(Ashok ji)는상류층에 만연되어 있는 인도사회의 타락과 뇌물로 인한 부조리등을 경찰이라는 기관을 통하여 묘사하였다.

목수들의 대화

국회의사당 난간에서
의자를 만들었던 어느 한 목수가
다른 목수에게 말하기를-
　　당신머리가 어떻게 된거 아냐, 혹시 미친것 아냐?
　　왜 의자들을 그렇게 편하게 만들고 있는거야?

다른 목수가 말하기를-
　　아이고, 어리석은 사람일세, 그려.
　　이 의자위에 앉으려는 사람들은
　　상당히 지위가 높은, 부자인 사람,
　　또한 그들은 많은 질병을 가지고 있는 사람들이잖아 .
　　그래서 그들이 이 의자위에 앉아
　　어떤 문제점을 느껴야 만 하는 만큼
　　편안한 의자를 만들었지.

처음의 그목수가 말하기를-
　　아이고, 이런 천치 바보야!
　　아마도 그들이
　　이 편안한 의자에 앉아 보고 난 후
　　자연스레 권력에 도취되어지게 되고
　　이런 안락한 의자를 만든
　　당신과 나와 같은 사람의 부류들은
　　기억하지도 못한다는 것을…
　　너는 모르잖아..

그러니까 의자들을 안락하게 만들지마라.
만약 가능하다면 , 의자 시트위에 핀들을
넣어 두어야 만 해.

그러나 이보게
이 의자에 핀들이
너무 많이 들어가 있다고 생각지는 말게!
너는 이나라의 국민 모두를 위하여
생각해서 만들어야 만해.
소수 특권층 부류를 위한 안락함 만을
생각해서는 안되기 때문이야.

다른 목수가 말하기를-

만일 당신이 그들의 생애를
몇분안에 끝내줄 것을 요구한다면
내가 그 의자 시트위에 핀들을 넣는 것을
왜 망설이고 주저하겠습니까!
나는 의자 시트위에 칼을 집어 넣을겁니다.
그외, 제게 다른 하실 말씀이 있으신지요?

"올핀 스캔들" (All Pin Scandle)

이보게 친구, 저 목수가 의자 시트위에
칼을 박아 놓지 않았어.
그러나 의자 시트위에
올핀들을 박아 놓는 것은
중지시킬 수가 없었다네.
의자 맨 위의 커버는
아주 잘 장식되어져 있었고
매우 부드럽지
그러나 의자 안쪽에는
많은 핀들이 들어 있단 말일세.

새롭게 장식된 의자는
지도자들의 사무실로 가져갔지.
지도자들이 사무실에 와서
그 의자를 보고 ,
의자에 매료되어 몹시 좋아했지.
의자에 앉기도 전에,
우아하고 만족스런 미소를 띄었고,
그의 모자를 의자에 벗어 놓았고,
목에 걸린 화환들을 의자에 내려 놓았지.
장미꽃 몇송이도 꾸르따에 꽂고서,..
깊이 숨을 들이쉬며

더욱 더 자신 쪽으로
의자를 더욱 더 끌어 당겨
의자위에 앉았어.
그런데 그가 의자에 앉자마자
고통에 찬 모습으로 몸서리를 쳤어.
그가 소리치는 것을 다소 자제하기는 하였으나
거기에 조금 더 머물러 앉아 있기는 했어.
그가 의자에서 일어서려고 애를 쓸 때,
의자 또한 그와 함께 들려져 따라 올라왔어.
그는 "이 의자를 누가 만들었어"? 라고 소리쳤다.
쪼끼달이 물었다-"무엇을 말입니까?, 사르(sir)

"무엇이라니? -의자를 누가 만들었냐고 말했잖아"
"꺼져버려,당장 그 목수를 불러와"!

목수가 말하기를-

사르(sir), 저의 실책이 아닙니다.
그것은 고용주의 명령에 따른 것이었습니다.

그 고용주께서 말씀하시기를-

"의자 시트위에다 재료를 빈틈없이 채워라.
그래서 핀들을 쓸데없이 버리게 되지 않도록" …
저는 매일 당신의 사무실에 종이들이 가득
쌓여져 있는 것을 알고 있어요.
그러나 어느 누구도 핀으로 그 종이를 묶어놓지를 않더군요.
또한 사무원은 거의 백여개나 되는 핀들을 매일 떨어뜨리며 다니곤 하지요.
그러면 그 떨어뜨린 핀들 모두를 버리게 되고 말잖아요.
그래서 즉시 나는 의자 시트위에 떨어진 핀들을 전부 집어 넣었습죠!

그래서 사르(sir), 이것은 고용주, 그의 실책이므로 그에게 벌을 내리셔야 합니다.
그를 부르십시요. 그는 당신에게 설명을 해 줄겁니다.
그러자 지도자는 고용주를 불렀고, 그동안의 정황에 대해 소상히 설명하라고 했다.

고용주가 말하기를-

목수의 말들을 모두 사실입니다, 사르(sir)
그는 그의 임무를 완벽하게 끝냈습니다.
이 일은 '공공 자산의 효과적인 유용방법'에 관한 정부 프로젝트에 의한 일입니다.
저는 목수에게 안쪽 부분까지 빈틈없이
채우게 하라고 부탁하였습니다.
실책은 그렇게 날카로운 핀과 같은 것들을
낭비하게 만든 올핀 회사(All pin Company) 사장이 한 것 입니다.
그리고 그 날카로운 핀 때문에 당신의 궁둥이를 아프게 했으므로,…..
너무 너무나 죄송스럽습니다.

그러자, 지도자는 올핀회사사장을 불렀다.
맨처음에 그는 두려워 벌벌 떨었으나,
그가 그 문제를 파악하고 나서는
미소를 지으며 말하기를, 사르(sir)-

만일 그 기계가 인도산이었다면,
그 핀은 그다지 날카롭게 하지 않았을겁니다.
그리고 당신을 고통스럽게
하지도 않았을거구요.
그러나 저희 기계들은 미국에서
수입해 온 것이고,
그 기계로 모든 핀들이
매우 날카롭게 만들어집니다.
그때 갑자기 올핀사장은 -
그렇다면 이제는 미국에서 누군가를 불러오려고 그러는것인가? 라는 생각이 들었다.

나는 그가 미국에서 누군가를 불러올 것이라고는 생각지 않았다.

그것은 그와 나하고의 다툼거리에 해당되기 때문에….

그리하여 올핀 사장은 그의 말을 바꾸었고 'BHILAI' 쪽을 향하여 그의 말꼬리를 전환시켰다.

올핀사장이 말하기를,-

사르(sir)

저희는 'BHILAI' 로부터우리의 원자재를 수입합니다.

그래서 때때로 원자재는 기계가 사용됨으로서 스틱(stick) 으로 만들어지게 됩니다.

그러므로 사르(sir),

당신은 'BHILAI' 공장에 있는 매네저를 부르셔서, 그에게 물으십시요.

만약 그들이 철(iron)을 완벽하게 정제한다면 우리는 그 기계속에 철을 집어넣어서 철사(wire)가 되게 함으로써 밖으로 그것을

산출시키고 그것을 커팅(cutting)한 후에

아주 날카롭게 만들게 된다는겁니다.

이제 다시 전화벨들이 울리기 시작했다.

그리고 마침내 매네저는 비행기로 'BHILAI' 에서 왔다.

지도자는 그를 향해 소리쳤다.

"너는 어떤 종류의 철(iron)을 만드냐?"

매네저가 말하기를-

사르 (sir),

우리가 자체적으로 그것을 만들지는 못합니다.

우리는 러시아(Russia)의 도움으로 그것을 만듭니다.

사르(sir),

저는 이것에 관한 모든 이야기를 이미 들었습니다.

제가 생각하기로는,

만약 당신이 이것을 이슈화시킨다면

당신은 나중에 아마도 후회하시게 되실겁니다.

그리고 "올핀스캔들"(All Pin Scandle)이라는 이름으로

명명되어 이 세상에서 망신을 당하게 될것이고,

당신은 명성을 잃게될 것입니다.
올핀은 미국(American)기계를 사용하여 만들었습니다.
그렇기때문에 당신과 정치적으로 적수인 당(Party)에서는
당신을 CIA의 에이전트라고 부를 것입니다.
한편으로 러시아는 그들이 도와주었던 것을
전면 중지할 것입니다.
그러므로 사르(sir),
의자에 앉아 계셨던 지금처럼
조금만 더 그 고통을 참아주시는게
어떠하실런지요……

눈물을 흘려서는 안돼!

(인도의 안다만 섬 (Andaman Island) 에 위치한 유명한 세류라르감옥(Cellular Jail) 에서 두 죄수가 서로 대화를 나누고 있었다. 실제로 한 죄수는 다른 죄수가 아침에 심하게 얻어맞고서 울고있는 것을 보았다.)

이 시작품은 인도가 영국통치하에 있을 당시, 인도의 독립을 위해 독립투쟁을 하다가 감옥에 투옥된 두 죄수들간의 대화이다. 경찰은 그들에게 심하다 못해 잔인한 벌을 주었고, 죄수들이 감당키 어려운 심한 노역을 요구하였다. 여기에서는 그들이 그 당시에 얼마나 고통을 당하였으며 그 고통에 대한 아무런 불평 불만을 하지 않은 채 그들의 눈에서 눈물이 흐르는 것조차도 허용하지 않은 채 강한 마음의 자세로 임했다는 것을 묘사하고 있다.

마음이 불안한 채로,
세류라르감옥(Cellilar Jail) 의 어둠보다 더
내 마음의 어두움이 더욱 더 깊다.
여기에는 단지
눈 속에 남아 있는
짠물만이, 그러나
우리는 그 눈물을 밖으로 나오게 할 수 조차 없다네.
마음이 불안한채로,
내 마음의 어두움 더욱더 깊어간다.

마음이 안정되지 않는다.
그리고 어두움도, 마음의 불안도

걷히지를 않는다.
내가 어떻게, 무슨 말을 해야할까!
쇼크로 인해서
오래전부터 결코 울 수 없었던 나의 마음을,
내가 말해야만 하는데….

내가 울었다고하는 정보는

잘못 전해진 일이야.
잘못된 정보야!
누가 틀린 정보를 주던가?
만약 당신이 내 앞에서 거짓을 말했다면
이것에 대해서도 다시 심하게 때릴거야.
당신은 오늘 아침 매우 심하게 두들겨 맞았지.
나는 그 장소에서 당신 울고 있는 것을 보았어.
나에게 거짓을 말하지마!

오호, ..그래서 당신은내가
몽둥이로 두들겨 맞는 것을 보았단 말이지?
만약 그때 이미 당신이 보았다면,
어떻게 내가 그 사실을 감출 수 있었을까!
그러니까 당신이 보았던 것 모두 속임수였다고
나는 말해줄 수 있지.
그래서 이미 모든 나의 눈물은 말라버렸잖아.
나는 당신에게 한 두명의 트레일러를 보여주었고,

어떻게 내가 여기에 오게 되었는지를 말했잖아.
경찰은 나를 체포했어.
그리고 나의 손을 로프로 묶어 버렸어.
나를 바닷가로 데려갔어.
굵은 로프로 만들어진 출렁거리는
계단위로 강제적으로 올라 가야만 했어.
나의 어머니와 누이는 통곡했고,
또한 근처 나무옆에서 와이프도 흐느껴 울고 있었어.
나의 가족, 나의 형제 자매 모든 이들이 거기에 있었고
거기는 마치 눈물의 비가 쏟아지는 것 같았어.

나의 손들은 너무나 타이트하게 묶여져 있어서
그들에게 "바이(bye)" 라는 말 조차도,
비통하게 울기 조차도 못했어.
나는 그 당시 후회하지는 않았어.
나는 입가에 미소를 띄었지.
그리고
"조국 인디아여 영원하라"라고 말했지.
군인들은 나를 심하고 잔인하게 두둘겨팼지.
막대기와 장대를 가지고…
나는 심하게 맞았어,아주 심하게.
내가 도저히 그 상황을 설명할수도 없을 만큼..
나는 당신에게 보여줄 수 조차 없어.
나는 소리지르지 않았어 아무 소리조차 내지 않았어.
모든 고통을 안으로만 감내하고 삭이고 있었을 뿐이야.

나는 실컷 두들겨 맞은 후에 의식을 잃고 말았어.
그러나 내가 당신에게 말할 수 있는 것은
결코 울지는 않았다고
당신에게 말하여야 만 하네.

내가 다시 의식이 돌아 왔을 때,
그들은 나를 다시 때리기 시작했어
그때,
나는 강한 목소리로소리쳤어-
"자유를 위한 독립 운동-조국이여 영원하라" 라고..
당신은 내가 여기에서 경험하고
겪은 모든 고통을 보아 알것이야.
부러져버린 무릎과 나의 다리들을,
뜨거운 장대로 나를 때려서
나의 발 뒤꿈치는 잘려 나갔어.
나는 때릴 수 있는 모든 것으로
두들겨 맞았어.
나의 피로 여기 에 있는
나의 세포가죽이 짓이겨져 버렸어.
그러나 ,
나를 그들이 그와같이 취급하였다고 하더라도
나는 결코 울지는 않았다고
당신에게 말해야 만하네.

내가 코코낫쥬트(마직)를 가지고

로프를 짤때,나는 섬유조직에 따른
고통조차도 느끼지 못했어.
피가 얼마나 쏟아져 나오든지간에
나는 고통을 느끼지 못했어
내가 로프를 짤 때
나는 새로운 종교에 입문하는것이라는 느낌으로
나는 인도의 모든 종교들에 관여하고 ,
그 속에 참여하려고 했어.
나는 인도에서의 모든 종교들을 통합시키려는
노력을 하려고 했으며,
나는 모든 인도 국민의 고통을 체험하였어.
그러나,
나는 결코 울지는 않았다고
당신에게 말해야 만 하겠네.

오늘 아침에 당신이 보았던 눈물들,
그것은 ,
그 눈물을 흘린 이유에 대해서는
나는 당신에게 말해야만 하겠네.
실제로 나는 "콜후"(kolhoo)속에서
서클을 만드는 것이냐고 물었어.
"콜후"(kolhoo) 로 만든 로프를
나의 허리주위에 묶었어.
나의 배속의 반 이상이 너무나
타이트하게 조여졌어.

이것은 나에게 새로운 일은 아니었어.
실제로 그 로프는 나의 허리에서 미끄러져 내려왔어.
나는 똑바른 위치로 올리려고 로프를 조금 당기기를 원했어.
나는 즉시 짧은 순간에 서클을 만들려고 멈추었어.
내가 멈추자마자,잔인한 군인들은 나를 때리기 시작하였던거야.
나는 그때까지도 고통 때문에 울지는 않았어.
그러나,
자극을 머금고 -
" 인디아여 영원하라" 라고 소리치고 있었어.
그러는 동안에도,
그들은 나를 계속 때리고 있었지.
가까이에는 기름 주전자(oil-pot)가 있었어.
막대기는 사정없이 휘둘러지고 있었고
기름이 밖으로 쏟아졌어.
그 기름이 그대로 나의 눈안으로 들어왔고,
후에 눈물이 밖으로 나오게 되고 말았어.
바로 오늘 아침에 당신이 보았던 것이
그것이었어.친구여 —
그래서 사실 그것은
나의 눈물이 아니었고, 오일이 나온것이었어.
만일 오일포트(oil-pot) 가 깨뜨려지지 않았다면
아마 더 좋았을거야.
그리고 그 막대기로 사정없이 때려야만 했을거야.
바로 그때 당신은 이것을 보고

내가 울었다고 오해를 하지 않을 수가 없었을거야.

만약 당신이 나에게 결코 말하지 않을거라면
그렇게해도 좋을것이야.
마음이 불안한 채로,
내 마음의 어두움은 더욱 더 깊어간다.

여기에는 단지
눈 속에 남아 있는
짠물만이, 그러나
우리는 그 눈물을 밖으로 나오게 할 수 조차 없다네.

바로 그때 군인들이 우리의 목소리를 들었다.
그리고 이 시간에 누가 이야기를 하느냐고 소리쳤다.
다른 모든 사람들이 잠자도록 말하지 말라!
너도 잠시동안이라도 자라.
만약 내가 한 마디의 말이라도 듣게되면

그때는,
나는 다시 심하게 너를때릴 테니까…
너는 오늘 아침에 얻어 맞은 것을 잊었느냐?

한 순간,
모든 곳에는 정적만이 감돌고 있었다.
그러나, 바로 그때
허공에 떠도는 단 한마디가 있었으니-
우주를 가로질러 들려오는
인도인의 강인함을 가득채운
"조국 인도여 영원하라"

군인들은 다시 소리쳤다.
조용히 해라!
이때에 두 마디의 말,
"조국 인도여 영원하라"

그리고 나서 군인들은 오두막사쪽으로 도망쳐 버렸다.
"조국 인도여 영원하라"라는 50번의 메아리는 허공에서·…..

지금 군인들은 어떠한 것도 이해할 수는 없었다.
그리고 그들의 귓전에는
지금은 수백개의 소리들로 들려지는
"조국 인도여 영원하라" 라는 말 만이 있을 뿐이었다.

영국통치제도에의 위기와
문제점들이 와해되고 있었다.
모든 거리에서는 감옥으로 부터의
어림잡아 700여 소리들이 울려 퍼졌다.

친구여,
이러한 순교자들에의 회상은 우리 마음속에서
결코 멀어질 수는 없을 것이다.
우리는 같은 어휘로, 동일한 말로-
소리침으로써 이 사실을증명하여 나아가야 할 것이다.
"조국 인도여 영원하라"
우리는 조국 인도가

모든 종교 문제에 있어서,

통합의 승리를 위하여,

조국 인도가 "하나" 인

통합을 위하여 우리가이루어 내야 만 할것이다.

너의 것이야.

만일 너를 악마라고 가정할 때 이 무덤 밭은 너의 것이야,
만일 네가 성스런 새(holy bird)가 될 때 이 하늘은 모두 너의 것이지.

파괴자들이 어떤 다른 장소를 찾고 있었을 때 ,
그들은 그것이 너의 집인지를 알지 못하였지.

그렇게 빨리 서두르지 마라,
이러한 인내는 너를 테스트하기 위한 것이니까.

그것이 누구의 실수였는지를 당장 잊어 버려라-
그러나 이것은 우리의 조국 인도에서는 잊지 못할 테니까

만일 네가 무엇인가를 말하고 싶지 않으면, 그것은 너에게 달려있지.
그러나 네가 무엇을 말하고 싶어하는 지를 이해할 수 있어.

너의 조국 인도를 네 스스로 거울속에서 들여다 보아라.
조국 인도의 신체는 항상 매우 수려하고 멋진 모습이지.

여기에 있는 조국 인도의 모든 것은 너의것, 당신들의 것.
표시된 모든 것들은 조국 인도를 상징하는 것들이기 때문이지.

똑바른 자세로 서 있는 것 말고는 네가 누구든 아무 상관없지.
왜냐하면 그것은 영화속의 노래가 아닌 ,
우리의 애국가(라쉬뜨라간*, Rashtra gan) 니까….

---

* 라쉬뜨라간(Rashtra gan): 즉 애국가라는 라쉬뜨라(Rashtra)는 국가, 간(gan)은 노래라는 의미

Ⅲ. 찾아보기

ㅅ

ㅇ